MANIFIESTO EN CONTRA DE LA AUTOAYUDA

Obra editada en colaboración con Editorial Planeta – España

Publicado originalmente con el título *Zelfverwoestingsboek* en Das Mag Uitgeverij B.V.

Bajo el sello editorial PLANETA M.R.
Avenida Presidente Masarik núm. 111,
Piso 2, Polanco V Sección, Miguel Hidalgo
C.P. 11560, Ciudad de México
www.planetadelibros.com.mx

Diseño de portada: Planeta Arte & Diseño

Primera edición impresa en España: septiembre de 2021
ISBN: 978-84-480-2751-3

Primera edición impresa en México: febrero de 2022
ISBN: 978-607-07-8337-1

Impreso en los talleres de Litográfica Ingramex, S.A. de C.V.
Centeno núm. 162-1, colonia Granjas Esmeralda, Ciudad de México
Impreso en México – *Printed in Mexico*

MARIAN DONNER

MANIFIESTO EN CONTRA DE LA AUTOAYUDA

EN DEFENSA DE LA AUTODESTRUCCIÓN

Planeta

ÍNDICE

«I Get Out»
Lauryn Hill

PARTE I

UNA CLAVIJA REDONDA EN UN AGUJERO CUADRADO

Me llamaron loco y yo los llamé locos;
y entonces, maldita sea, me ganaron por mayoría.

El escritor **Nathaniel Lee**, en torno a 1684,
después de que lo trasladaran a un manicomio.

Esto es para los locos... Así empieza el icónico anuncio de Apple, *Think Different*. Era 1997 y, hasta entonces, los anuncios se centraban en el producto que querían vender y en la sensación que este producto podía provocarte. Ese champú, esos lentes de sol o esos jeans que te harían más atractivo y emocionante, que te mejorarían la vida. Pero con *Think Different* ya no importaba el producto. Este anuncio era un mensaje personal. Un mensaje que te motivaba a ser la mejor versión de ti mismo, sin que importara el producto.

Sé más como los locos, los marginados, los rebeldes y los agitadores. Así nos animaba la serena voz de Steve Jobs. Debes ser «una clavija redonda en un agujero cuadrado». Sé como Einstein, Picasso, Gandhi y Martin Luther King. Ellos «no tienen apego a las reglas», pero «las personas que están lo bastante locas como para creer que pueden cambiar el mundo son las que lo hacen». Tú también puedes cambiar el mundo siempre que creas en ti mismo.

Lo siguieron una serie de anuncios similares. Continuamente, el mensaje era: inspiración, motivación, empoderamiento. *Just Do It!*, de Nike; *Impossible is Nothing*, de Adidas; *Go Forth*, de Levi's, acompañado por el precioso poema de Bukowski «El corazón que ríe»: «Tu vida es tu vida, no dejes que sea golpeada contra la húmeda sumisión». O el reciente *Dream Crazy* de Nike, con la presencia del exjugador de futbol americano, Colin Kaepernick: «No intentes ser el corredor más rápido de la escuela o el más rápido del mundo, sé el más rápido de la historia».

Lo normal no es suficiente. Puede ser mejor. Puedes ser mejor.

Gillette ya no promete que su navaja sea lo mejor para el hombre —*The best a man can get*—, sino que hará de él el mejor hombre —*The best a man can be*—. Estos anuncios llaman a que te liberes de la negatividad, de las dudas y de la incertidumbre. De todo lo que te impida tener éxito. Porque ya lo tienes todo: esa vida mejor, ese mundo mejor, el éxito, la felicidad... todo es una elección. Así que ve por ello.

Mientras tanto, ahí estás. En casa, en tu sofá. La renta es demasiado alta, tu trabajo te aburre, no aportas nada, tienes un trabajo de mierda y te resistes a duras penas contra el desgaste laboral. Te sientes como un perdedor, un rebelde sin causa. Crees que eres el único. Y, como no paran de decirte que eres hiperactivo, empiezas a tomar Ritalin.

Esta es la realidad actual. ¿Los locos del anuncio de Apple? Hoy en día se les conoce como *hombres desorientados*. Los marginados ahora son unos perdedores. Los rebeldes compran camisetas de The Clash en H&M. No encontrarás ningún jefe que busque empleados que «no cumplan las normas».

Si alguien ha demostrado esta realidad, ha sido el mismo Colin Kaepernick. Perdió su lugar como jugador de futbol americano por enfrentarse a la violencia policial estadounidense, que con tanta frecuencia ataca a las personas afroamericanas. Al pintarlo como vencedor en términos morales, Nike no solo oculta el enorme precio que Kaepernick pagó por su protesta, sino también el hecho de que, a fin de cuentas, la protesta no se tradujo en nada (excepto en un contrato de millones con Nike).

Así funciona la apropiación: Nike se apropia de la lucha social de Kaepernick y luego la modera. Al igual que hizo Levi's con las palabras de Bukowski. Lo último que pretendía Bukowski con su poema era que fueras por la vida como un consumidor obediente. Ahora que Levi's se ha apropiado del poema (en un anuncio en el que de nuevo salen imágenes de protestas), este ha perdido todo su significado. Lo único que queda es la mera sensación que despierta el poema, pero no la intencionalidad de esa sensación ni su desafío antiburgués. Las palabras se han reducido a una lírica estéril y poco más.

Estos anuncios de Nike o Levi's no muestran su verdadera intención, ya que no patrocinan la libertad, sino la adaptación. Sobre todo para que sigas comprando jeans, tenis y computadoras con «húmeda sumisión».

Lo mismo ocurre con la industria de la autoayuda. **Los que se sienten como una clavija redonda en un agujero cuadrado leen un libro de autoayuda: siete pasos hacia el éxito, diez pasos hacia la felicidad, cien cosas**

que tienes que hacer, mil cosas que no debes hacer más. Todo para que puedas amoldarte a ese agujero.

Porque, en otras palabras, lo que te ofrecen todos esos libros de autoayuda, artículos, charlas TED, lecturas, cursos e instructores son normas. Normas para que funciones mejor y te adaptes mejor al *statu quo*.

Pertenecer. Participar. Ese es el objetivo.

Sé positivo, camina recto, ordena tu casa, haz la cama por las mañanas, abandona tu zona de confort, sigue una rutina, fija prioridades, conoce tus puntos fuertes y trabaja los débiles, escucha a los demás, ignora los malos consejos, trata los problemas como oportunidades, la oposición como un reto, di que no, sé agradecido, ríete.

Pero ríete de verdad, con el tipo de risa en la que participan los ojos. Así la gente se te resistirá menos y encima reduces el estrés.

Mantén un cuerpo y una mente sana, come superalimentos y aguacates, practica deporte, haz yoga y *mindfulness*, aprende a controlar tu ira y tus miedos, elabora un plan y ajústate a él, busca tiempo para la espontaneidad, haz algo que te asuste cada día, *carpe diem, memento mori.* ¡Porque tú puedes, sí puedes, trágate ese sapo, sé feliz, que todo te importe un carajo y piensa diferente!

Tal y como dicen los anuncios: todo es inspiración, motivación, empoderamiento. Tal y como dicen los anuncios, el problema siempre es tuyo. *Think Different, Dream Crazy, Impossible is Nothing*: lo único que te detiene eres tú mismo. Olvídate de los productos, olvídate de cómo están hechos, olvídate del mundo a tu alrededor y de las estructuras políticas y socioeconómicas que lo rigen. En vez de eso, trágate el sueño neoliberal en el que todo recae sobre ti. Sí, solo sobre ti. Mantente siempre en la cima, aunque te caigas. «Cree en algo, incluso si eso significa sacrificarlo todo»[1].

Lo político ahora es personal, los problemas se han privatizado y las protestas han sido apropiadas. Y acabas pensando que tú eres el problema. **Es culpa tuya que no seas feliz, que no tengas éxito y que poco a poco estés más cerca del desgaste profesional.** Hemos aterrizado en una forma fácil de pensar. Los niños también se culpan a sí mismos de todo, ya sea del

1 *Believe in something, even if it means sacrificing everything.* Eslogan original del anuncio de Nike de 2018, hecho en colaboración con el jugador Colin Kaepernick.

divorcio de sus padres o del acoso escolar. Al final te creiste el mensaje de la «húmeda sumisión». Por eso te hiciste una cuenta en Headspace. Una pulserita te cuenta los pasos, una aplicación te mide el sueño, intentas no centrarte en lo negativo y ser positivo. En el supermercado ignoras las caras enfadadas. Si tu jefe te maltrata, te convences a ti mismo de que él seguramente también la está pasando mal. Ah, y llevas un diario de gratitud.

No es autoayuda, no, lo llamas autocuidado. Lo haces por amor propio. Lo haces porque sientes que las cosas podrían ser mejores, porque debe de haber algo más que esto. Pero lo que la industria de la autoayuda ofrece, a fin de cuentas, no es más que un montón de trucos, colchones y «consejitos del día» que te enseñan a aguantar más. **Todo para que participes mejor en este juego y te olvides de lo incomprensible que es el mundo en realidad.** Para que aprendas a gestionar tu ira y tus miedos mientras aguantas lo inaguantable.

«No es una señal de buena salud estar bien adaptado a una sociedad enferma», escribió el filósofo indio Krishnamurti. Según la Organización Mundial de la Salud (OMS), la frecuencia de trastornos como la depresión o la ansiedad ha subido en más de un 40 por ciento en los últimos treinta años. Ahora mismo, la depresión es la enfermedad endémica número uno y el uso de medicamentos no hace más que incrementarse. Las personas se toman pastillas para el estrés, para suprimir la ansiedad y el pánico, para poder estar quietas, para poder estar activas, para adormecer el dolor. **Pero lo que necesitamos no son pastillas, yoga o diarios de gratitud, sino darnos cuenta de que nosotros no somos el problema.** Si sientes que no encajas en el mundo, decía Virginia Woolf, quizá no deberías preguntarte qué problema tienes tú, sino qué problema tiene el mundo.

En tiempos de Virginia Woolf, hace unos cien años, todavía estaba prohibido que una mujer fuera sola a la biblioteca. Dicho de otro modo, Virginia Woolf necesitaba la presencia de un hombre para poder hojear los libros que ella misma había escrito.

¿Qué haces en esa situación?

Puedes intentar colarte disfrazada de hombre, algo que a lo largo de la historia han hecho miles —más bien cientos de miles— de mujeres para poder seguir participando. Otra opción, más moderna, es luchar por ser la excepción; por ejemplo, pensando y expresándote como un hombre (véase *Vayamos delante* de Sheryl Sandberg o *A las niñas buenas no les dan el despacho grande* de Lois P. Frankel).

Pero también puedes pensar: al demonio.

Si el mundo no para de decirte que no eres lo suficientemente bueno, sano, elegante, productivo, positivo, zen, o que no estás en forma, ya va siendo hora de que te preguntes qué es lo que ha fallado en el mundo.

El significado o mensaje original de «una clavija redonda en un agujero cuadrado» era este. Esta frase no viene de Apple, sino de la novela distópica *Un mundo feliz* (1932) de Aldous Huxley. El significado que él le daba era muy diferente al que sugiere Apple.

En *Un mundo feliz* la humanidad por fin ha conseguido ser perpetuamente feliz. El dolor y la tristeza han sido erradicados, no existe el aburrimiento, la desesperación o la soledad, no se teme a la muerte y la toma de decisiones no causa estrés. De hecho, es justo el mundo que muchas personas intentan crear para sí mismas hoy en día.

Para conseguir esta felicidad perpetua, los fetos del mundo de Huxley son manipulados genéticamente en un vientre artificial. Los bebés reciben los valores apropiados a través de un «condicionamiento neopavloviano». Su futuro destino se encuentra en un puesto de trabajo preestablecido para el que se les ha criado. Mientras, la sociedad en su conjunto se mantiene tranquila gracias al medicamento «soma» («un solo centímetro cúbico cura diez pasiones»).

Este mundo feliz es solo trabajo y entretenimiento, una vida pacífica y equilibrada, sin pasado ni futuro. El ser humano vive en el ahora, en el «calmado éxtasis del cumplimiento logrado». Y todo el mundo es feliz así. Todos, excepto el molesto y quejumbroso Bernard Marx. Con él, algo salió mal.

Durante una cita con Lenina Crown, le pregunta si no aspira a ser más que una esclava condicionada.

—¿Es que tú no deseas ser libre, Lenina?

—No sé qué quieres decir. Yo soy libre. Libre de divertirme como quiera.

No obstante, la libertad con la que sueña Bernard es diferente. **Se trata de la libertad de no tener objetivos y de no ser feliz. De ser inútil, molesto y quejumbroso.** Lo que Bernard anhela es el derecho a ser una clavija redonda en un agujero cuadrado.

Supongamos que Apple se hubiera mantenido fiel a este significado. Eso sí que habría sido un anuncio genial. Fuera las imágenes de Einstein, Picasso, Ghandi o King. En su lugar habría alguna de un niño llorando en un coro infantil, una niña con el berrinche del siglo, una mujer en una cafetería que no quiere hablar con nadie, un hombre solo en casa gritándole a su televisión… Imágenes de los marginados invisibles, de personas que no aportan nada, que solo molestan. Molestan en esa visión del mundo en la que todo gira en torno a la productividad, la felicidad y el éxito.

En cierto modo, este libro es como ese anuncio. Sea lo que sea, es lo contrario a un libro de autoayuda. Porque el problema no somos nosotros, el problema está en el mundo que nos rodea. Es un mundo enfocado en el más y mejor, donde nada nunca es suficiente y siempre hay que ser más productivo, sobre todo si es para consumir más. Y siempre es preferible hacerlo con una sonrisa. Al mismo tiempo, es un mundo en el que crecen la inseguridad existencial y la desigualdad, y en el que desaparecen las redes de seguridad; en el que la mayoría de las personas carecen crónicamente de tiempo y sentido de vida.

Este es un mundo creado por el capitalismo neoliberal. Aquí lo último que debes hacer es preguntarte cómo puedes mejorar. Debes preguntarte cómo puedes menoscabar al máximo un sistema que nos derriba a todos.

Cómo menoscabar el anhelo por la
perfección corporal que rige este sistema:

APESTA.

Cómo menoscabar su insistencia por la productividad:

BEBE.

Cómo menoscabar su llamamiento por el autocuidado:

SANGRA.

Cómo menoscabar su llamamiento por el amor propio:

ARDE.

Y, finalmente, cómo menoscabar la franqueza
de la tecnología:

«Mantente alerta —decía Bukowski en "El corazón que ríe"—, hay salidas.»

No te hará más sano, ni tendrás más éxito ni te convertirás en una mejor persona. Pero no se trata de ti. Se trata de cambiar el mundo.

Show them what crazy can do, muéstrales lo que los locos pueden hacer.

APESTA

Pero si el ser humano es dueño de algo,
por derecho y nacimiento, es de una abundancia
de carne, una abundancia de suciedad y sexo y
sublimidad. Solo si aceptamos esta abundancia
seremos capaces de liberarnos.

Laurie Penny, *Meat Market*

Todo empieza y acaba con el cuerpo; con huesos, músculos y un corazón latiente. Somos la sangre que fluye por nuestras venas, somos la boca que habla, los dedos que tocan y la piel que siente. Mostramos quiénes y cómo somos por la forma en la que vestimos y decoramos nuestro cuerpo, por cómo lo movemos y adónde. Es un cuerpo frágil. Y, al mismo tiempo, también puede ser un arma.

*

En 2022 llegará el momento: por fin se estrenará en los cines la nueva película de *Indiana Jones*. Es la quinta de la serie; la primera se estrenó en 1981, la cuarta, en 2008. De nuevo veremos a Harrison Ford en el papel protagonista, a pesar de que ahora ya tenga setenta y seis años.

A algunos fans no les hizo mucha gracia. Preferirían ver a un Indy joven, no a un anciano de casi ochenta años. El primer director, Steven Spielberg —ahora es

James Mangold quien ha heredado el proyecto—, los hizo callar a todos: no tenían de qué preocuparse, aseguraba, Harrison Ford siempre estará en condiciones físicas perfectas.

De esto no cabe duda. Siguiendo el ejemplo de Russell Crowe, los famosos mantienen unos cuerpos tonificados o musculosos gracias a una dieta sana, al deporte y, sobre todo, a la cirugía plástica. Pero hoy en día existe otra herramienta que los mantiene en condiciones perfectas: el *beauty work* (trabajo de belleza), como lo llaman en Hollywood. Se refiere a la tecnología que retoca las imágenes de forma digital. Es decir, Photoshop, solo que un tipo de Photoshop que de verdad consigue cualquier cosa sin que el espectador se dé cuenta. Los efectos especiales consiguen que los actores se vean más jóvenes, más delgados y en forma. Es la «cirugía plástica del clic del ratón», tal y como la describe la revista *online* *Vulture*.

El artículo de *Vulture* describe lo que en la mayoría de las películas y series ya es un procedimiento estándar: eliminan las arrugas y otras imperfecciones, estiran las mejillas y borran las ojeras, y, donde haga falta, aplican un *lifting digital*. Pueden aumentar el tamaño de los ojos y reducir el de las orejas y la nariz. Y eso solo es la cara. Los actores pueden conseguir abdominales marcados, pechos y culos más redondos, o una cintura más pequeña. En cualquier caso, retocan cada pixel.

«Una escena romántica no tiene el mismo impacto si los actores tienen ojeras, una piel áspera y las mejillas hinchadas», explicaba el cofundador de Lola Visual Effects, líder de mercado en esta industria. «Si sales del cine convencido de que tu actor favorito tiene la piel perfecta y no tiene grasa corporal, entonces he hecho bien mi trabajo.»

Así que no hace falta que escojan a un actor nuevo, el mismo Harrison Ford puede ser un Indy joven.

Las estrellas del cine siempre han sido personalidades extraordinarias, posicionadas muy por encima de nosotros, los mortales. Marilyn Monroe se operó la nariz y seguramente también la mandíbula. A Rita Hayworth le depilaban los pelitos de la frente para ocultar sus raíces sudamericanas. Pero los famosos de hoy están a otro nivel: se mantienen en forma y jóvenes para siempre, por lo menos en la pantalla, sin tener que hacer nada.

En el artículo de *Vulture*, un esteticista digital describe cómo un actor famoso tuvo que volver al rodaje de una película de acción importante tras un año para volver a filmar algunas escenas. Para el rodaje principal tuvo que seguir un entrenamiento y una dieta estricta para estar en forma, pero la segunda vez simplemente pegaron su cabeza sobre una imagen digital de su cuerpo musculoso.

Otro esteticista narra cómo una vez tuvo que eliminar el sudor de un actor de una película de sesenta minutos. Imagen por imagen, gota por gota. Esto son meses de trabajo; meses de sangre, sudor y lágrimas de trabajadores anónimos sentados detrás de las pantallas de una especie de plantas exploradoras hollywoodenses. En realidad, es lo mismo que ocurre con nuestros productos, donde no se escatiman ni gastos ni esfuerzos para preservar la belleza de las cosas.

No solo retocan los cuerpos imperfectos, también le meten mano a las actuaciones deficientes. En la película *Diamante de sangre* añaden una lágrima a la mejilla de Jennifer Connelly. Un video demostrativo de YouTube muestra cómo añaden una sonrisa de forma digital «para que se vea más auténtica». A las cejas rígidas les devuelven movimiento, una mirada de temor se convierte en una de ira.

Son ajustes que, irónicamente, cada vez son más necesarios para compensar los efectos reales de la cirugía plástica, ya que el bótox y los *liftings* faciales han solidificado las caras de los famosos. Solo el bisturí digital les puede sacar de nuevo las emociones. Es la tecnología la que ahora les da algo de vida.

*

¿En qué nos fijamos cuando observamos a los famosos? ¿Qué se supone que vemos cuando encendemos la televisión o abrimos una revista? En la fotografía publicitaria y en el mundo de la moda, los cuerpos retocados ya se ven desde hace unos años; ahí no queda figura indemne. Por lo general, solo se nota cuando algo sale mal —un brazo que falta, unos ojos que se han aumentado tanto que parecen de alienígenas— o cuando una famosa se queja de ello. Por ejemplo, la princesa Meghan Markle no entendía por qué la edición francesa de *Elle* había eliminado sus pecas. O la actriz Lupita Nyong'o, cuyo pelo afro se eliminó en la edición inglesa de *Grazia*, según Nyong'o para que se adhiriese a una «noción más eurocéntrica del pelo bonito». Ambas revistas no supieron qué excusa esgrimir, como si solo fuera un fallo puntual. Mientras tanto, cuerpo tras cuerpo sigue pasando por el molde del ideal de belleza dominante.

Lo primordial para este ideal de belleza actual es que un cuerpo sea *limpio*. Libre de imperfecciones, hoyos, bultos, grasa y cualquier otra marca que muestre el paso del tiempo o el hecho de que alguien come y vive. Debe parecerse más a un robot, a una máquina.

Los hombres tienen que ser musculosos, ya sean actores, modelos, artistas de hiphop o de pop (véase las imágenes del antes y después de Justin Bieber para Calvin Klein, su cuerpo es casi el doble de grande). Las mujeres tienen que estar bronceadas, delgadas y verse eternamente jóvenes. Y para las mujeres afroamericanas también cuenta que sean lo más blancas posible; la piel de Beyoncé ya se ha visto aclarada un par de veces, mientras que la del asesino O. J. Simpson fue oscurecida en la revista *Time Magazine*.

Es un ideal que no solo se impone en las películas, las revistas o los anuncios, sino también en las redes sociales. Aunque no cuenten con el bisturí digital, existen un par de trucos que los usuarios pueden aplicar. Por ejemplo, la *instagramer* veinteañera Sara Puhto muestra en su cuenta cómo podemos ocultar un vientre o unas nalgas caídas usando el ángulo, la posición o la tensión muscular adecuada.

Estos son los cuerpos que nos rodean por todos lados: cuerpos alisados y estériles. Ocultan todo lo que hace que un cuerpo sea un cuerpo —es decir, su suciedad, grasa, sangre, sudor o bilis—. Esta cultura visual omnipresente destruye el cuerpo natural día tras día.

*

«Formamos nuestras herramientas y luego estas nos forman.» Esto dijo el filósofo y científico canadiense Marshall McLuhan.

McLuhan falleció en 1980, pero desde entonces nadie ha escrito mejor sobre la tecnología y sus efectos. Tom Wolfe lo llamó «el pensador más importante desde Newton, Darwin, Freud y Einstein». En los años sesenta, McLuhan ya predijo la llegada de Internet (de ahí que la revista tecnológica *Wired* lo declarara patrón de la revista póstumamente). Su declaración más famosa es, sin duda, «el medio es el mensaje».

Lo que McLuhan quería decir con esto es que el mensaje de un medio se halla en el uso de este (y este uso, a su vez, se ve impuesto por el medio). Lo que importa no es lo que se dice o se pretende, sino lo que el mismo medio hace con nosotros. El medio debe resumirse como todo lo que el ser humano ha creado a lo largo de la historia. Cada aparato, cada pieza de tecnología —desde un cuchillo, pasando por una rueda, hasta un coche o Internet— es, según McLuhan, un medio. Y todos tienen un efecto muy particular.

Para comprender este efecto y entender cómo un medio nos modela, o cuál es su mensaje, debes (según McLuhan) preguntarte cuál es la esencia de ese medio. ¿Qué mejora? ¿Qué agranda? La respuesta a estas preguntas predice el futuro, según McLuhan, porque al final cada ventaja se acabará convirtiendo en una desventaja. El exceso se convierte en escasez; la fuerza, en debilidad.

McLuhan pone al coche como ejemplo. El coche trajo la velocidad; podíamos movernos más rápido y viajar más lejos de lo que hacíamos sobre dos patas. Pero cuantas más personas se compran un coche, más carreteras se obstruyen con el tráfico. La velocidad se convierte en lentitud.

También la televisión o, más adelante y de forma mejorada, Internet: abrieron las puertas del mundo para todos y también abrieron nuestra mentalidad, todo el conocimiento estaba a nuestra disposición. Pero, sostenía McLuhan, cuando todos estemos conectados, cuando no tengamos que estar presentes físicamente en ningún lado para ver u oír, cuando desaparezcan las distancias, entonces el mundo se convertirá en una aldea global, un mundo con mentalidad de pueblo. La anonimidad y libertad de las grandes ciudades dará paso a un rechazo de lo desconocido. Se cerrarán las persianas, reinará un control social sofocante (¡Twitter!). Las personas volverán a pensar en misticismos (teorías conspiranoicas), creerán en dioses (deportistas) y monstruos (terroristas), y se apegarán a símbolos (estatuas o banderas). Más que buscar su propio camino individual, se preguntarán cómo las ven los demás. McLuhan predijo un tipo de ser humano que se convertiría en lo que era en el comienzo: un animal de rebaño.

Así que, recordando a McLuhan: ¿cuál es el poder de los retoques digitales de Photoshop o del *beauty work*? La respuesta parece ser esta: embellecer los cuerpos más de lo que lo son en la vida real. Y ahí también encon-

tramos una debilidad. Porque todas estas mejoras sobre la pantalla hacen que la realidad se vea cada vez más fea.

Si a nuestro alrededor no vemos más que cuerpos perfectos, cada vez será más difícil que nos sintamos bien con lo que vemos en el espejo.

En el artículo de *Vulture*, otro esteticista digital plantea lo siguiente: «La próxima generación de adolescentes va a tener cada vez más difícil el no odiarse físicamente a sí mismos, ya que todo lo que les mostramos es tan divino».

Esto se aplica a todas las imágenes que nos rodean: vemos dioses divinos. Criaturas delgadas, brillantes y estériles, invulnerables ante el paso del tiempo o la decadencia. Mientras tanto, nuestros cuerpos humanos —esas cosas grasientas, sangrientas y sudorosas— siempre carecen de algo. Y, por tanto, nos ponemos manos a la obra.

*

«Nuestros cuerpos ya no crean nada, —escribió la psicoanalista Susie Orbach—. Nuestros cuerpos... ahora son una carga con la que trabajamos.» Los gestionamos, forzamos y controlamos. El deporte y la comida deben ponerlos en condiciones óptimas, y cada vez son más las personas que dependen de la cirugía plástica —Botox, rellenos, una rinoplastia— para esculpirlo de la forma deseada. Reflejamos el cuerpo con números: cuántos kilómetros ha corrido, cuántos kilos ha levantado, cuántas calorías ha ingerido, cuántas pulsaciones por minuto... todo para saber dónde nos encontramos y adónde queremos llegar. **Aplicaciones de seguimiento automático miden nuestros pasos, la calidad de nuestro sueño, nuestra presión arterial, todo bajo el mismo lema: si mejoras los números, mejorarás tú.**

Al igual que los esteticistas de Hollywood escanean los cuerpos pixel por pixel buscando cosas que mejorar, nosotros también escaneamos nuestros propios cuerpos. Los labios, las orejas, el vientre, las nalgas, los bíceps y los tríceps; tachamos todo lo que no nos satisface. El cuerpo ya no es un conjunto, es una suma de partes clínicas, un kit de construcción.

«Formamos nuestras herramientas y luego estas nos forman.» Hemos empezado a ver nuestro cuerpo como un aparato. Algo que se puede adaptar y mejorar. Lo miramos con lupa, analizamos a conciencia, y catalogamos con precisión. Así es como todos los cuerpos empiezan a parecerse más entre sí. Todos se miden con la misma regla.

Pongamos el ejemplo de la llamada «cara de Instagram»: un rostro con cejas pronunciadas, mejillas llenas, labios gruesos y ojos marcados por unas enormes pestañas falsas, y todo cubierto por gruesas capas de maquillaje. La gran vanguardista de esta imagen es Kylie Jenner, la más joven de las Kardashian, que supo cambiar su físico de una forma espectacular. Si buscas *Kylie Jenner package* en Google, encontrarás miles de ofertas de cirujanos plásticos y embaucadores varios que conseguirán que te parezcas a ella a través de rellenos e inyecciones de Botox. Hoy en día estas Kylie Jenner están por todas partes. Inundan Instagram, caminan sobre la alfombra roja, participan en *reality shows* y están detrás de la caja del súper. Juntas conforman un ejército entero. «Sé tu mismo», —escribió Oscar Wilde—, el resto de papeles ya están tomados.» Pero este ejército solo quiere ser Kylie Jenner.

Sin embargo, lo vemos y nos quedamos plantados: **somos testigos de la destrucción de la individualidad y, cada vez más, de la destrucción de los cuerpos.**

Cada vez son más las personas que sufren de *dismorfofobia*, conocida como la dismorfia corporal: es la fealdad imaginaria. Suben los casos de anorexia y bulimia, surgen enfermedades nuevas.

Algunas personas ingieren tan pocos nutrientes que se les empieza a caer el pelo y bajan de peso hasta alcanzar límites peligrosos; todo bajo la influencia de lo que se conoce como el *clean eating*, el «comer limpio» (fuera azúcares, alcohol y grasas animales, solo verduras y todos los aguacates que te quepan). Se conoce como «ortorexia», una obsesión por comer sano y de forma impecable.

Luego está la «vigorexia», la adicción al deporte. Se trata de personas que se sobreentrenan y corren hasta destrozarse las rodillas y el corazón. O también tenemos la adicción a la cirugía plástica que destroza los rostros. Estamos tan obsesionados con mejorar nuestros cuerpos, con ser divinos, que al final no nos queda nada. «Empiezas siendo un consumidor y acabas siendo consumido», decía McLuhan.

Quizá esta sea la enfermedad nueva más reveladora: la dismorfia del selfi. No solo las imágenes que nos rodean son cada vez más lisas y estériles, también lo son las imágenes de nosotros mismos. No las retocan en

estudios de alta tecnología, sino que lo hacen nuestros propios celulares.

Antes tenías que aplicar filtros de belleza manualmente, pero los celulares de última generación incluyen estos filtros en sus modos predeterminados. La cámara «ve» lo que se puede mejorar y se pone manos a la obra. Retoca imperfecciones, amplía el tamaño de los ojos, reduce el de la nariz y cubre la cara con una especie de maquillaje digital. Todos parecemos más guapos, pero cuando te miras al espejo ya ni te reconoces. Así que algunas personas recurren a la cirugía plástica para parecerse más a sus selfis, según informa *The Guardian*.

«Formamos nuestras herramientas y luego estas nos forman.» Creamos una apariencia digital que la realidad jamás puede alcanzar y, acto seguido, intentamos cambiar esta realidad.

Y, en cierta medida, lo hemos conseguido. Todas las maneras en las que mejoramos el cuerpo son una victoria sobre la naturaleza. Gracias al ejercicio, a la comida sana y, sobre todo, a la cirugía plástica, una persona de sesenta años puede aparentar veinte años menos (y viceversa). A una cabeza calva se le pone pelo; a un cuerpo plano, curvas. Violamos las leyes de la naturaleza, detenemos el tiempo y parece ser que el cuerpo realmente puede fabricarse. Con la voluntad suficiente, hasta puede trascender su forma terrenal.

Existe una pastilla que hace que sudes perfume. Algunas personas se cierran las glándulas sudoríparas de las axilas para dejar de oler mal y dejar de manchar la ropa. A este paso, puede que un día todos olamos a rosas.

Y esto solo es el comienzo. **Los científicos están intentando crear una especie de superhumano a través de la genética, la biotecnología y la informática; un humano más fuerte, inteligente, rápido e inmune ante las enfermedades.** Magnates tecnológicos como Peter Thiel o Elon Musk hasta sueñan con la vida eterna; «transhumanismo», lo llaman. Sus defensores buscan derrotar a la muerte con la ayuda de las últimas tecnologías. Hace unos años Google lideró una empresa entera con este mismo objetivo: Calico. La opción más viable actualmente parece ser subir nuestra alma, nuestro espíritu, a una computadora.

¿Por qué ser imperfecto si no es necesario? El logro final es derrotar al cuerpo natural. Así ya no seremos animales, seremos dioses.

*

Los dioses no sudan, no sangran, no envejecen, no vomitan, no huelen mal. Pero el peligro de esto es que tampoco pueden soportar la peste de la vida.

El documental danés *Gaias Børn* de 1998 muestra a la artista británica Alison Lapper, que nació sin brazos y con piernas cortas, pintando con la boca. Alison se pregunta cómo será el futuro cuando todo se pueda arreglar. **Nadie nacerá con deficiencias, no quedarán personas con discapacidades como ella. ¿Cómo observarán estas personas el mundo?**

La pregunta quedó sin respuesta, pero es muy probable que las personas se olviden de que la vida es falible. De que no todo está en tus manos, no todo puede fabricarse y que existe una desigualdad fundamental entre las personas. Una desigualdad que se debe a las circunstancias socioeconómicas, geográficas e históricas en las que han nacido, pero también a algo tan simple e incomprensible como la suerte.

Por ahora la tecnología se centra, sobre todo, en eliminar las imperfecciones. En este sentido, resulta muy trascendente la predicción de la futuróloga Ayesha Khanna. Según ella, queda poco para que se fabriquen lentes inteligentes que eliminen a los sintecho de nuestra vista. A Khanna le parece lógico «para que nuestras emociones humanas básicas mejoren». Esta es otra respuesta posible ante la pregunta de Lapper: la consecuencia de un mundo en el que todo pueda arreglarse, en el que el cuerpo natural con todos sus defectos desaparezca, es que solo quedará la belleza y la felicidad. Y eliminaremos todo lo que no cumpla con este ideal.

Toda tecnología, decía McLuhan, cada aparato, herramienta o medio que el ser humano ha desarrollado, ha sido una mejora de su propio cuerpo. Desde el cuchillo, pasando por la rueda, hasta el coche e Internet, todo es una extensión de nuestro cuerpo: el cuchillo son nuestras uñas, la rueda y el coche nuestras piernas, e Internet nuestro cerebro.

Ahora podríamos decir que la tecnología se ha volcado contra el cuerpo, porque lo que nos hace más rápidos, fuertes, inteligentes y guapos también ha conseguido que no toleremos ninguna imperfección. Queremos ser dioses.

Pero el que, como Ícaro, vuela hacia el sol, acabará cayendo. Porque no somos dioses y la naturaleza no se deja controlar. Esta lucha constante por la perfección, el mantra de más y mejor que predica nuestra cultura actual nos ha alejado de nuestro cuerpo natural, de nosotros mismos, de nuestros vecinos y puede que hasta de la naturaleza que nos rodea. A ella también intentamos controlarla con datos y números (por ejemplo, se prevé una subida de temperatura de un grado). Lo que observamos es un ejército creciente de cuerpos domesticados y dóciles, que se castigan durante toda la vida para ser perfectos. Estos soldados elogian su libertad, reclaman su individualidad, pero caminan por la cinta transportadora como robots: en forma, ajustados y atemporales. Han aprendido a odiar el cuerpo natural y sus aspectos animales. A odiar el cuerpo que sangra, suda, arde y baila. Ese cuerpo ahora es un producto, algo que tienta y es tentado, que desea sin llegar a la satisfacción, y que por ello sigue comprando y vendiéndose.

Uno solo puede hacer poco, casi nada. Aun así, ahí empieza la resistencia. Con nuestro propio cuerpo. Somos el corazón que late, la sangre que fluye por nuestras venas, la boca que habla, y ese cuerpo es un arma potencial. Porque puede seguir la corriente o negarse. Negarse ante una cultura en la que nada es suficiente y que nos rebaja a simples aparatos o máquinas.

No, no odiaré mi cuerpo natural. No, no despreciaré su vulnerabilidad. No lo contemplaré con números y diagramas. No intentaré arreglarlo todo. No tengo por qué ser una diosa. Puedo ser demasiado gorda, vieja y poco sana, puedo tener los dientes torcidos y el pelo fino, puedo sudar y apestar, puedo fracasar frente a la ideología de la salud y de la felicidad actual, al igual que cualquier otra persona. Porque las arrugas e imperfecciones de mi piel, mi vientre inflamado, todo lo que es demasiado grande o pequeño, demasiado visible o invisible es mío. Es mi cuerpo. Existe. Y eso ya de por sí es mágico.

BEBE

Me lancé hacia el sol y no supe cómo vivir.

Menno Wigman, *Cuando empecé a escribir*

A veces me perturba todo el tiempo que he perdido. Todas aquellas noches en el bar, las consecuentes resacas, todas las horas desperdiciadas. Podría haber cumplido con mucho más de lo que he hecho. Podría haber escrito más, haber sido más productiva, haber tenido más éxito, quizá, si no me hubiera quedado, si no hubiera dicho: «está bien, otra más», si hubiera mostrado más autodisciplina.

Sin embargo, todo este tiempo perdido también dio su fruto. No recuerdo la mayoría de aquellas noches. Apenas conservo recuerdos de todas las buenas conversaciones, no tengo lecciones o palabras bonitas que pueda repetir ni ideas profundas que pueda plasmar aquí. En su momento lo sentí todo con mucha intensidad. Todo parecía encajar; mi compañero era la persona más inteligente con la que había hablado jamás, yo misma lo era aún más, pero al día siguiente estos recuerdos se habían esfumado.

Recuerdo un día que estaba llorando en el aeropuerto de Nueva York porque extrañaba a mi novio. De repente, se sentó un hombre calvo a mi lado y me ofreció un poco de vodka que él mismo había fabricado. Me contó que era periodista de guerra, que venía de Bosnia y que estaba de camino a su granja en Texas. Me explicó que no existían los bosnios, serbios o croatas, que aquellas categorías las había inventado… ¿un emperador?, ¿un rey? Ya ni me acuerdo. Apunté su nombre en mi cajetilla de cigarros, la cual tiré a la basura una hora más tarde estando perdida de borracha.

Hubiera querido leer algún libro suyo; me comentó que había escrito varios, pero claro, no recuerdo su nombre. Lo que sí recuerdo es el sabor de ese vodka y de cómo me ardía en la garganta.

Hay una mujer con la que me encuentro de vez en cuando; es rubia y tiene unos ojos azules enormes. Nos conocemos, pero no sabemos de qué. «Recuerdo lo mucho que solíamos reírnos», me dice cada vez. Yo también lo recuerdo, o creo que lo recuerdo, porque me pongo contenta siempre que la veo. Pero después nos quedamos en blanco. No tenemos nada que contarnos. Solo aquella noche, que ninguna recordamos, todo encajó.

Me acuerdo todavía de cómo gritaba furiosa por la calle, cómo me caían lágrimas de borracha por la cara, cómo me peleaba en un portal con alguien a quien apenas conocía. No tengo ni idea de por qué estaba tan enojada o triste todas esas veces, o de quién era aquel muchacho.

No hay mucho más que contar. Nunca he acabado borracha en una comisaría, hospital o en el extranjero. Es decir, no me queda ninguna buena anécdota de todo ese tiempo perdido.

Si solo recordara con quién hablé, me besé o me peleé, si lo hubiera abordado con mayor conciencia, podría decir que todo fue *networking* y que al menos me sirvió de algo.

El filósofo francés Jean-Paul Sartre gozaba de estos momentos efímeros de borrachera, según leí en un artículo por Internet: *How to party like an existentialist* («cómo salir de fiesta como un existencialista»).

«Me gusta que me surjan ideas confusas y vagamente inquisitivas que luego se desintegran.» Según Sartre, un exceso de seriedad asfixia nuestra libertad y creatividad.

En su poema «Embriáguense», el poeta francés Baudelaire escribió: «Hay que estar siempre borracho. Todo consiste en eso: esa es la única cuestión. Para no sentir la carga horrible del Tiempo, que les rompe los hombros y los inclina hacia el suelo, tienen que embriagarse sin tregua». Solo con el espíritu embriagado dejas de ser un «esclavo y mártir del Tiempo».

Y te aseguro que no son solo los franceses. Hasta hace aproximadamente diez años no había escritor ni pensador que no se acercara con ansias a la botella de vez en cuando. Es imposible que todos estén equivocados, ¿no?

Recuerdo el momento exacto en el que decidí no castigarme más. Caminaba con resaca por Wibautstraat, donde el sol proyectaba unas largas sombras, y pensé: «no tiene sentido». No puedo cambiar con quien me he besado, con quien he bailado sobre una mesa, con quien he tenido conversaciones entre lágrimas (—¡eres la neta! —Noooo, ¡tú eres la neta!), o a quien he insultado. Desde aquel momento, me inventé otra versión de la historia en mi cabeza. Una versión en la que no se me corría el rímel, en la que no me caía de la bici, no le había vomitado a nadie encima y, desde luego, no me besaba con nadie que acabara de vomitar. Nadie se sentía insultado, nadie estaba triste, todo era bonito y nada dolía.

¿Acaso los recuerdos no son como un camino arraigado en nuestro cerebro? Si piensas en lo mismo una y otra vez, al final se convierte en realidad.

Vivía embriagada con mis recuerdos imaginarios. Estaba ausente. A día de hoy, sigue sin haber nada que me guste más que ausentarme. Tener que estar en algún sitio, tener que hacer algo y de repente dejarlo de lado.

Me he ausentado en la escuela, en el trabajo, en las amistades, en la vida y en el amor. Quien se salta las cosas, descubre un agujero en el tiempo. Así se siente: como si atravesaras una puerta a un universo paralelo. En el mundo normal todo sigue como si nada; todo el mundo sigue esforzándose por su futuro, tal y como deberías hacerlo tú. Pero, al otro lado de la puerta, ese futuro no existe. Allí no hay reglas ni órdenes, no hay nadie que espere algo de ti. Allí eres libre.

Estar borracho es estar ausente. Drogarse es estar ausente. Escribir es estar ausente. Es una escapatoria de la realidad, de tu propia cabeza.

Es la diferencia entre la razón y la embriaguez, según lo que escribió el filósofo Bertrand Russell en su obra de referencia *Historia de la filosofía occidental*. La diferencia entre hacer lo que debes o escapar de ello, ausentarse.

Es la diferencia entre el tiempo que empuja hacia delante y el que se queda quieto.

Siempre he soñado con esto: sentarme al borde del agua en algún lugar, con mis piernas colgando del muelle, mientras el sol me ilumina el rostro y disfruto de la compañía de una amiga o de mi pareja, junto con una botella de vino y una cajetilla de cigarros. **Lo que buscaba era una vida con el mínimo de responsabilidad posible. Sin que nadie esperara algo de mí, sin que me pidieran nada. Poco más.** Salir a bailar por ahí, ir después a alguna fiesta, luego a otra más, y por la mañana, con toda mi borrachera, ver cómo todas esas personas despiertas van en bici a trabajar. Mientras, yo me dormiría hasta el mediodía, me despertaría y me daría la vuelta en la cama hasta dormirme otra vez. Y así una y otra vez.

Sin duda, este es uno de los motivos por los que mi novio y yo hemos esperado tanto para tener un hijo. Mejor dicho: que hayamos esperado tanto para tomar la decisión de quizá, con mucho cuidado, intentar tener uno. Solo tras estar quince años juntos, cuando nuestras posibilidades estadísticas ya casi se habían ido por la borda y todas mis amigas hacía tiempo que ya tenían una familia completa, pude hacerme a la idea de dejar de desperdiciar el tiempo. Es un milagro que haya funcionado. Y soy muy feliz así, a pesar de que tras cuatro años siga extrañando aquellas noches.

Durante años he vivido de noche, porque creo que la noche es el momento más bonito del día. Cuando el sol ya no se desliza por el cielo para indicar el paso de las horas y todo parece desaparecer por el mismo agujero negro.

Solo por las noches vemos algo a lo que enfrentarnos. Solo entonces salen los monstruos y los demonios de sus guaridas. Ahora los únicos monstruos y demonios a los que me enfrento son los de mi hijo, y esa lucha se sigue batallando de día. De noche solo duermo. Duermo profundamente y sin soñar.

*

Según Bertrand Russell, todo forma parte de la civilización. Ese deseo por escapar, por ausentarse, no es más que un deseo por escapar de la adaptación que la civilización exige de todos nosotros.

Sin esa civilización, la especie humana jamás habría alcanzado la cima de la cadena alimenticia. La civilización ha conseguido que funcionemos en grandes grupos, que tengamos ciudades, ciencia y democracia. Las leyes, prácticas y costumbres que prescribe la civilización consiguen que miles de millones de personas convivan y se aguanten razonablemente bien y sin problemas. Russell argumenta que, no obstante, y al mismo tiempo, cada individuo civilizado siente inconscientemente que esas leyes, prácticas y costumbres han llevado a que perdamos algo. Llámalo instinto, pasión o el animal primitivo que llevamos dentro.

Es, como ya hemos dicho, la diferencia entre la razón y la embriaguez.

Esta diferencia nace con la aparición de la agricultura, relata Russell. Mientras que el ser humano cazador-recolector vivía día a día, el granjero tenía que aprender a ser previsor. Tenía que invertir en el futuro. Si la tierra no se sembraba y araba a tiempo, a los seis meses no habría comida. Tenían que disponer de provisiones para pasar el invierno.

Según Russell, esto también diferencia al ser humano salvaje del civilizado: «por la prudencia o, para emplear un término más amplio, por la previsión». **El ser humano civilizado «está dispuesto a sufrir penas momentáneas para obtener placeres futuros, incluso aunque estos sean muy lejanos».**

Para las abejas que preparan miel o las ardillas que entierran nueces, este comportamiento es un impulso instintivo, escribe Russell. Por contraste, en el ser humano es la razón la que le dice que actúe ahora para cosechar los frutos más tarde. Sabe que tendrá que esforzarse, que tendrá que planear para sobrevivir. Eso no se hace por impulso espontáneo. Del mismo modo que este impulso tampoco motiva la presencia escolar, la suscripción a cursos extra, tu decoración del CV o el hacer *networking*.

Adaptas tu comportamiento en el presente para poder ser alguien en el futuro. Inviertes en buenas notas para poder ir a una buena universidad, para poder conseguir un buen trabajo, para después conseguir uno mejor y después otro y otro, para por fin algún día ser feliz. Decides beber menos y fumar menos solo para *tener* un futuro. Sacrificas el presente por lo que está por llegar, aunque la pregunta importante sea si ese futuro verdaderamente llegará o no.

¿Cómo escapa el ser humano de esto? ¿Cómo desactiva su razón? La misma agricultura que lo convirtió en un planificador ofrece la solución: cerveza y vino. De pronto se podía plantar trigo y lúpulo, y cultivar uvas. Y así el ser humano aprendió el arte de la embriaguez y la forma en la que esta destruía por completo cualquier previsión.

Porque el borracho no piensa en el día de mañana y en lo que se debe hacer. «Su fantasía se libera de repente de la prisión de las preocupaciones cotidianas», dice Russell. La embriaguez hasta se ganó su propio dios: Dionisio (o Baco). La embriaguez se convirtió en algo divino, porque solo en la embriaguez se vivía el mundo de nuevo en su totalidad.

La embriaguez restauró lo que la previsión había destruido. Trajo una intensidad de sensaciones, un entusiasmo y una espontaneidad que llevó a nuevas percepciones. Russell pone como ejemplo la palabra «teoría», que surgió de los antiguos griegos. Teoría significa «contemplación apasionada simpática». Los antiguos griegos la consideraban una revelación extática que existía fuera de la realidad seca, transparente y previsiva. Esa revelación se descubrió (en parte) bajo la influencia del alcohol; cuando el espíritu era libre de pensar en causa y consecuencia, libre de la razón, y podía dar un salto al vacío.

En la embriaguez pisamos el terreno de la imaginación, el éxtasis y la eternidad, aunque solo sea por unos momentos.

«Muchas cosas admirables de las obras humanas llevan en sí un elemento de embriaguez, donde la prudencia es barrida por la pasión», escribe Russell. «Sin el elemento báquico la vida carecería de interés; con él, es peligrosa. La prudencia contra la pasión: este conflicto se extiende por toda la Historia. Es un conflicto en el cual no deberíamos tomar parte por uno o por otro bando resueltamente.»

Cada persona debería aprender a balancearse entre la razón y la embriaguez. Como ejemplo, Russell nombra al pionero de las matemáticas, Pitágoras (quien vivió durante el año 532 a. C. aproximadamente). La mayoría lo conocemos por su fórmula para calcular la hipotenusa de un triángulo rectángulo. Pero Pitágoras también era el líder de una secta que giraba en torno a la adoración de la embriaguez. En esta secta, los hombres y las mujeres eran iguales, y 2400 años antes de Marx ya consideraban que la propiedad privada era un robo (incluso los descubrimientos matemáticos o científicos no recibían autoría individual). Al mismo tiempo, las normas también decían que los seguidores no podían comer habas, tocar gallos blancos ni caminar por vías anchas de la ciudad.

Según Russell nadie en la historia ha influenciado tanto el pensamiento como Pitágoras: «… intelectualmente uno de los hombres más importantes que han existido, como sabio y como loco». Pero es probable que, sin locura, la sabiduría tampoco pueda existir.

¿Y dónde nos queda la salida? ¿Dónde está la doctrina que une la razón con la embriaguez? ¿Qué es lo que une lo más alto con lo más bajo y reconoce que también (o justo ahí) en lo más bajo se encuentra sabiduría?

Parece ser que hoy se ha tomado partido de forma incondicional por el cuidado del futuro, por la previsión. **La industria de la autoayuda que te anima continuamente a invertir en ti mismo es insufriblemente estricta y sobria. Fuera alcohol, fuera cigarros, fuera distracciones, fuera procrastinación. Sí, vive el momento, pero solo para ver cómo se pasa volando en vez de lanzarte a él.** Las matemáticas se usan para algoritmos, para aplicaciones que miden tus pasos o regulan tu sueño. ¿Dónde quedó la «contemplación apasionada simpática» que libera en vez de limitar?

*

Cada época tiene los héroes que se merece. Mejor dicho, cada época tiene los héroes que necesita para mantener el *statu quo*.

Y nuestro monte Olimpo se encuentra indudablemente en Silicon Valley. Es el lugar desde el que reina la nueva élite: los chicos (y, en menor medida, las chicas) que con una sola buena idea se han hecho de oro y nos guían, al resto de la humanidad, a un nuevo mundo feliz digital.

A diferencia de todas las élites anteriores de la historia, de emperadores a reyes de la antigüedad pasando por los *yuppies* de los años ochenta, esta nueva clase alta no celebra su éxito con estilos de vida suntuosos, sino que resaltan por su extremo autocontrol. El valor más celebrado aquí es la disciplina. Sufrir, aguantar, no rendirse nunca.

La nueva clase alta predica las listas de quehaceres, el deporte y el *mindfulness*. Sus miembros hacen ayunos de dopamina: fuera el contacto visual, las largas conversaciones, el ver películas; todo lo que puede ser divertido. Creen en la bioingeniería casera (la manipulación del cuerpo biológico para optimizar sus prestaciones). Creen que si sigues su ejemplo, te centrarás más, tendrás más energía y tiempo, tu productividad aumentará y tú, al igual que ellos, serás una persona exitosa.

Uno de los mayores predicadores de esta autoflagelación es el director ejecutivo de Twitter, Jack Dorsey. Dorsey solo come una vez al día, por la tarde. Los fines de semana ayuna. Empieza cada día con un baño de hielo, según lo que dijo en un artículo: «Nada me ha dado mayor confianza mental que el ser capaz de ir [...] directo a una bañera helada desde mi cálida cama. Simplemente desbloquea algo en mi mente y siento que, si puedo forzarme a hacer algo que parezca tan insignificante, pero que duele tanto, soy capaz de hacer cualquier cosa». Por Twitter dijo que, desde que renunció a la comida, le parece que el tiempo fluye más despacio: «El día parece mucho más largo cuando no está dividido en desayuno/almuerzo/cena».

Sufrir es vivir y sangrar es ganar. Todo es una inversión. Tú, humilde mortal, que atraviesas el frío helador cada mañana de camino al trabajo para una jornada laboral de doce horas, que no tienes tiempo ni para comer, puedes reconfortarte con la idea de que, en realidad, disfrutas del mismo estilo de vida que llevan los más ricos del planeta.

Lo político ahora es personal, los problemas se han privatizado y las protestas han sido apropiadas. Aquí también. Porque, claro, todos hemos sentido que un día se nos pasa volando, sabemos lo que es la falta de concentración y la baja productividad. Esto no se debe solo a que no ayunas lo suficiente, sino al flujo continuo de correos electrónicos y actualizaciones de noticias, o a las redes sociales que están explícitamente diseñadas para mantenernos conectados todo el tiempo posible y hacernos todo lo adictos que puedan. Todo gracias a Silicon Valley. **Pero, en lugar de asumir la responsabilidad de las consecuencias negativas de sus productos, estos nuevos héroes intentan convencernos de que simplemente necesitamos desarrollar más nuestra autodisciplina.** Igual que hacen ellos, solo que sin los miles de millones de dólares.

*

Sí, el alcohol es malo para el cuerpo. Todos los años causa la muerte prematura de millones de personas por su consumo excesivo. Las personas consiguen que otras se hagan adictas y parece ser que el alcoholismo es de las adicciones más difíciles de dejar. Pero yo no argumento a favor del alcoholismo. Aquel que esté o necesite estar constantemente borracho es igual de extremo que la tendencia de la sociedad que aboga por la sobriedad. Se trata de encontrar un punto medio; reconocer que con la salud y productividad óptima que te lleva a la cima también se pierde algo. La locura, el entusiasmo, el descuido y finalmente, aunque no menos importante, el sentimiento de impotencia.

Al dejar de beber, o haciéndolo a un nivel puritano, intentas mantenerte sano durante más tiempo, vivir más. «Si hay algo que no quiero perderme —decía una amiga mía—, es el futuro.» Siguiendo ese razonamiento, vivir sano es una especie de seguro, una garantía extra. Pero el resultado principal es una falsa sensación de control. Como si pudiéramos derrotar al destino.

La pregunta importante no es cómo vivir el mayor tiempo posible, sino qué es una buena vida.

«La vida de alguien que no bebe, no coge y no fuma no dura más, solo parece durar más.» Dice la tradición que el sociólogo polaco Zygmunt Bauman tenía esta cita escrita en una carta encima de su mesa de trabajo. Bauman vivió hasta los noventa y un años.

No todos pueden encontrar un punto medio. Algunas personas tienen que dejar el alcohol por completo para no consumirlo continuamente, pero son la excepción. La mayoría de las personas seguramente sí podrían encontrar un equilibrio. Aquellas noches perdidas no sirvieron para nada, hice cosas estúpidas, me peleé, pero también hice amigos, conocí a amantes y tuve varias «revelaciones extáticas» que posteriormente olvidé o que, tras analizarlas mejor, no me parecieron tan especiales. Pero encontré lo que buscaba. Por unos momentos me escapé de ese mundo de utilidad práctica, de objetivos y propósitos, del invertir en mí misma o, peor, del tener que optimizarme. Por unos momentos no sentí el peso del futuro y fui libre.

Quizá podría haber hecho más cosas, pero por lo menos conseguí librarme por unos momentos de ser un «esclavo y mártir del Tiempo».

SANGRA

La verdadera condenación de esta época es que hace pensar, por el contrario, que no es bastante sangrienta. La sangre ya no es visible; no salpica bastante el rostro de nuestros fariseos. He aquí la extremidad del nihilismo: el asesinato ciego y furioso se convierte en un oasis, y el criminal imbécil parece refrigerante junto a nuestros muy inteligentes verdugos.

ALBERT CAMUS, *El hombre rebelde*

Uno de los mejores capítulos de la serie de culto estadounidense *Buffy, cazavampiros* (1997-2003) es aquel en el que Buffy es diagnosticada con la psicosis «Otra vez normal». Es el decimoséptimo capítulo de la sexta temporada y, como en todas las temporadas anteriores, Buffy tiene que salvar al mundo de vampiros, demonios, dioses o simplemente de compañeros de clase malvados. Solo Buffy puede detenerlos, ya que Buffy es «la cazadora». No se le nota a primera vista; parece una adolescente normal que va al instituto y todavía vive en casa. Pero, en realidad, es la única que tiene la fuerza necesaria para detener el mal.

Es un papel con el que Buffy lucha durante siete temporadas. Su madre soltera sabe lo especial que es y sus amigos (los que no son vampiros) intentan lidiar con su poder. Lo que más quisiera Buffy es ser normal, como todos los demás adolescentes.

Y entonces, un día, su sueño se hace realidad. Buffy es normal otra vez. No tiene poderes especiales, solamente cree que los tiene y por eso lleva ya seis años en un manicomio. El médico intenta convencerla de que deje atrás su fantasía de vampiros y cazadores. Su madre dice que entiende el deseo de Buffy de ser especial, a todos nos gustaría ser invencibles, pero que ella tiene que aprender a aceptar que solo es una chica normal. Finalmente, para curarse, tendrá que destruir su mundo de fantasía y así encajar en el mundo normal.

Todos se dejan engañar por Buffy, porque evidentemente es una trampa. La fantasía es ese mundo *normal*, fruto de un veneno que un demonio le inyectó a Buffy, pero eso solo lo ve el espectador. Solo el espectador sabe (y sueña con) que los adolescentes normales también pueden ser invencibles.

*

Según la Organización Mundial de la Salud, ahora mismo la depresión es la enfermedad endémica número uno. Los trastornos mentales son el mayor factor de riesgo para los adolescentes, ya sea por suicidio o discapacidad laboral, asegura la OMS. En un artículo del periódico neerlandés *NRC Handelsblad* («No es normal ser guapo y exitoso y tenerlo todo bajo control»), el filósofo-psiquiatra belga, Damiaan Denys, estima que en los Países Bajos un 42 por ciento (¡!) de la población cumple con los parámetros de un trastorno mental como el estrés, la ansiedad o la depresión. Uno de cada siete trabajadores y estudiantes sufre de desgaste profesional.

Y sí, el ser humano siempre ha sufrido trastornos mentales. Prácticamente es parte de nuestra naturaleza humana. Pero ¿cómo es que los casos han aumentado tanto en los últimos años? ¿Nos hemos vuelto locos nosotros o el mundo?

Según Damiaan Denys en su entrevista de *NRC*, el problema está en que las personas actuales son mucho menos resistentes: «Hoy en día solo con ver un accidente en la autopista ya tienes estrés postraumático».

Según Denys, las personas tienen demasiadas expectativas en la vida. La ideología de la productividad ha reventado, piensan que pueden controlarlo todo y ya no saben lidiar con el fracaso.

Es lo mismo que diagnostica el psiquiatra belga Dirk de Wachter. «Estamos demasiado obsesionados con la felicidad. Queremos que todo sea divertido, divertido, divertido», aseguraba en el programa neerlandés *Brainwash Talk*.

Según ellos, deberíamos mitigar nuestras expectativas, aceptar la tristeza y reforzar nuestra resistencia. ¿Cómo? «Se consigue paseando más por los bosques, leyendo libros, haciendo voluntariados, moviéndose, tomándose el tiempo para las cosas y teniendo paciencia», asegura Denys. «Menos redes sociales, más sentarse en una cafetería con amigos de verdad. No debes depender de la ayuda de un psicólogo, debes intentar reforzar tu salud mental tú mismo.» O, como dice Dirk de Wachter: «Averigua tú mismo cuál es el sentido de la vida mientras estás sentado en un banquito del parque y escuchas el susurro de los árboles».

Son recomendaciones comunes. Más relajación, más autocuidado y más tiempo para uno mismo. Deporte, comer sano, dormir lo suficiente, quizá un poco de medicación. Y es lo que la mayoría de las personas prueban cuando necesitan recargar las pilas. Un poco de descanso para luego ponerse en marcha de nuevo; más y mejor. No tiene nada que ver con recomendarle a alguien que, yo qué sé, beba con más frecuencia. Puede que te aporte otras cosas, pero ponerte en forma desde luego que no. Es normal que nadie lo recomiende. El objetivo final es que no te rindas, que sigas participando.

¿Y si justo eso es el problema? ¿Por qué nos empeñamos en ser normales dentro de un mundo que es de todo, excepto normal?

Hace poco Britney Spears nos mostró un buen ejemplo de la diferencia entre un enfoque más o menos *adecuado*.

Puede que Britney Spears sea la estrella del pop más famosa de las que han mostrado cierta inestabilidad mental. Cuando tuvo su crisis en 2007, fotos de ella viajaron por todo el mundo. Todos pudimos ver cómo se había rapado la cabeza, cómo le hacía una seña obscena a un grupo de fotógrafos y cómo atacó a uno de ellos con un paraguas. Años después, todavía siguen haciéndose chistes sobre el asunto. El único otro famoso que ha hecho locuras similares desde entonces ha sido Kanye West.

Hoy por hoy, Britney Spears ya sabe cómo comportarse. Antes de inscribirse voluntariamente en una clínica mental en abril de 2020, escribió en su cuenta de Instagram: «Enamórate de cuidarte, de cuidar tu mente, cuerpo y espíritu», y: «Todos tenemos que buscar tiempo para nosotros mismos», seguido por un emoticón sonriente. Lo que recibió como respuesta no fue más que la mera simpatía del público.

En doce años toda esa agresividad ha dado paso al autocuidado. El emoticón enojado se ha convertido en uno sonriente como por arte de magia. **Porque así es cómo lidiamos con el dolor y la tristeza: con una actitud positiva. El sufrimiento es una oportunidad para tomarte tiempo para ti mismo. Es un reto para descubrir en qué consiste la vida, quizá hasta de descubrir su sentido.**

Sufrir es vivir, sangrar es ganar, y la aflicción es una lección. Como dijo Brad Pitt en una entrevista: «He luchado contra la depresión durante diez años. Pero te enseña quién eres de verdad. Yo lo veo como una escuela de aprendizaje». Lo es siempre que estés dispuesto a aprender esas lecciones, claro. De *ti* depende hacer algo con tu sufrimiento.

En su libro, *La sociedad del cansancio*, el filósofo coreano-alemán Byung-Chul Han habla de la «violencia de la positividad». Si de verdad existieran los demonios, este sería su veneno. **La fantasía no es que todo debe ser divertido, divertido, divertido, sino que debemos tratar con positividad todo lo que no es divertido. Que lo aguantemos con entusiasmo, que veamos los problemas**

como oportunidades, el dolor como un reto, y que sigamos siendo todo lo productivos que podamos. La consecuencia directa, según Han, es ese oleaje de trastornos mentales como la depresión, el TDAH y el desgaste profesional. La causa no se encuentra en un exceso de negatividad, sino en un exceso de positividad, característico de nuestra sociedad de rendimiento. Mientras que antes la sociedad se regía por prohibiciones, mandatos y leyes, ahora depende de iniciativas personales y de motivación. El «no» que se imponía desde fuera ahora es un «sí» que viene de dentro. *Yes, we can!*

La negatividad del «no», según Han, generaba locos y criminales, pero la positividad del sí produce depresivos y fracasados. Porque ya no hay nadie que nos obligue a nada, nos creemos que somos nosotros los que lo queremos todo. Creemos que somos los únicos culpables.

La primera vez que Britney Spears tuvo una crisis de salud mental, dirigió su ira hacia fuera. Atacó los estándares de belleza inalcanzables (representados por su melena larga y ondulada) y a los que velaban por el mantenimiento de esos estándares: los *paparazzi*. La segunda vez, su ira se dirigió hacia dentro y se escondió detrás de un emoticón sonriente.

Somos tanto ladrones como policías; creemos que nos privamos de felicidad, salud y éxito, pero que también depende de nosotros recuperar estos valores y devolvérselos a su legítimo propietario.

Somos Pavlov y su perro; nos disciplinamos para soportar lo insoportable.

Somos el prisionero y el guardia; los soberanos de esta época no tienen que enviar a la policía ni construir prisiones, nos reprimimos nosotros solos.

Dirigimos una guerra contra nosotros mismos, explica Han.

*

Y yo me pregunto: si Dirk de Wachter recomienda que nos sentemos en una banca en el parque para escuchar el susurro de los árboles, ¿cómo lo hacemos? ¿Cómo, si ese parque ya está lleno de barras de ejercicio para hacer dominadas y flexiones, y el susurro es silenciado por la música ruidosa de clases de *crossfit* y *bootcamp*?

¿Dónde encuentras una cafetería tranquila si la mayoría han sido sustituidas por bares *cool* con wifi gratuito en los que las personas no paran de teclear en su computadora? Porque ellas *sí* están dispuestas a trabajar arduamente.

¿Cómo mantienes la paciencia si tu jefe o superior no la tiene contigo?

Al final todo se reduce al siguiente problema. Cuando Denys dice: «El ser humano le exige demasiado a la vida. Todas las chicas jóvenes quieren ser guapas, sociables y listas. Esto solo está reservado para una élite, para el grupo más fuerte», se olvida de que en realidad es al revés. Esas exigencias son las que nos reclama a todos esta sociedad de rendimiento. Tenemos que ser la versión más guapa, más sociable y más lista de nosotros mismos para poder competir con el resto.

Claro que puedes adaptar tus exigencias, pero eso no significa que la sociedad vaya a exigir menos de ti. Puedes practicar la autoayuda, pero eso no hará que desaparezcan los problemas. No son soluciones, son maneras de adaptarte a un mundo anormal.

*

Byung-Chul Han habla de la sociedad positiva, de la sociedad de la exposición, la sociedad porno, la sociedad del control y de la sociedad de rendimiento. Al final todo se refiere a lo mismo: podrías decir que «esta es la sociedad del capitalismo neoliberal».

Es cierto que el capitalismo existe desde hace cientos de años. En pocas palabras, es un sistema en el que los partidos privados se apropian (normalmente con violencia) de recursos públicos, como el terreno, las materias primas y la mano de obra, para obtener una ganancia. **Lo nuevo es la interpretación neoliberal según la cual el mercado es sagrado.**

El padre filosófico del neoliberalismo es el economista austríaco Friedrich Hayek. Durante los años ochenta del siglo pasado, sacó un teorema que argumentaba que el ser humano en su esencia es un *homo economicus*; un ser racional y competitivo impulsado por el interés propio. En realidad, no se diferencia mucho de un animal. También para las personas la vida es la supervivencia del más fuerte y todos quieren ser el alfa. Lo único de la experiencia humana es la razón. A diferencia de cualquier animal, el ser humano puede planear y tramar para llegar a la estrategia óptima y conseguir que su interés propio se haga realidad.

Según Hayek y los neoliberales que le siguieron, a este *homo economicus* donde mejor le iría ahora es en el mercado de la oferta y la demanda. So o ahí podrá desarrollarse en plena libertad. Se verá impulsado por la competitividad, el deseo de ser el mejor y poseer más que el resto. Y, como consecuencia positiva, esta competitividad logrará que la sociedad en su conjunto obtenga los mejores productos y los más baratos.

Por ello, lo que es bueno para el mercado, es bueno para el ser humano y es bueno para la sociedad. El mercado *sabe* dónde está la demanda, mejor de lo que lo sabría, por ejemplo, una autoridad central. Lo que no hace falta, no se vende (en teoría). El mercado es neutral, no se ve gobernado por las ideas irracionales de, por ejemplo, la Iglesia, el Estado o la familia, sino por cifras neutrales. Cifras neutrales de las que el ser humano puede deducir qué recompensa y qué no. La única verdad que necesitamos es la de los datos de beneficios y pérdidas.

Desde los años ochenta, cada vez más sociedades se modelaron a partir de estas ideas neoliberales. Privatizaron sectores que fueron tradicionalmente públicos, como los servicios sanitarios, la educación, el tráfico o la vivienda. Abrieron las fronteras para los bienes y el capital, y flexibi-

lizaron el mercado laboral (a partir de entonces, los trabajadores se convertirían en gestores de su propio talento).

El mercado nos liberaría a todos, esa era la idea.

Pero el resultado fue un nuevo tipo de prisión.

*

Hace poco, la empresa StandardToilet anunció que había diseñado un inodoro nuevo que ahorraría mucho dinero. Según StandardToilet, los trabajadores en el Reino Unido pasan de media unos diez minutos al día en el baño, lo que le cuesta al país unos cuatro mil millones de libras cada año. Pero este nuevo inodoro está un poco inclinado hacia delante en un ángulo de trece grados, por lo que puedes sentarte encima perfectamente, pero no será ni fácil, ni cómodo. Según StandardToilet, esto hará que el tiempo que pasan los empleados en el baño disminuya en un 25 por ciento, es decir, unos dos minutos y medio. Dos minutos y medio que ya no se perderán en mirar al vacío, pensar un poco o llorar en la miseria.

Además, estos inodoros son buenos para la salud, según dijo un portavoz de StandardToilet al periódico británico *The Daily Mail.* Los trabajadores mejorarán su postura, entrenarán los músculos de las piernas y reducirán la posibilidad de tener hemorroides y músculos pélvicos débiles. Así que este inodoro, en realidad, es una inversión en ti mismo; nada vende mejor hoy en día que enfatizar que algo es *bueno* para nosotros. Por eso debemos desearlo, por nuestro propio bien, porque seremos mejores y más fuertes.

Y seamos sinceros, los trabajadores que reciban un StandardToilet son los que más suerte tendrán. Todos sabemos que empresas como Amazon ni siquiera permiten que sus empleados vayan al baño y que algunos orinan en botellas o en un pañal. Todo para aumentar la productividad y la eficiencia. Otro truquito de Amazon (cómo no) son las máquinas expendedoras de analgésicos. Debido al trabajo pesado, muchos empleados se quejan de dolencias físicas. Para remediarlas, Amazon ha instalado estas máquinas en muchas de sus fábricas.

Así funciona. **En vez de implementar un horario aceptable, un salario digno y una carga de trabajo tolerable, las empresas se encargan de que sus empleados aguanten cada vez más y más, y aprendan a soportar lo insoportable.**

Otro ejemplo: cuando los empleados de Starbucks presentaron una solicitud de mejora de las condiciones laborales, la empresa anunció que, a partir de ese año, todo el mundo recibiría una suscripción gratuita a la aplicación de meditación Headspace. Así los empleados podrían gestionar mejor su estrés, sus miedos y su falta de sueño. Entiéndelo como una forma de autoayuda.

Starbucks no son los únicos, también empresas como Apple, LinkedIn o General Electric ofrecen Headspace como un beneficio laboral adicional. No es de extrañar, porque según el propio Headspace se ha demostrado que las meditaciones que ofrecen hacen que los empleados sean más productivos y presten mayor atención. «Tres semanas de Headspace resultan en un 21 por ciento más de comportamiento compasivo, y reducen la agresividad y reactividad ante comentarios negativos en un 57 por ciento», según la página web. Es decir, los empleados son más positivos; ya no son la Britney de 2007, sino la de 2019, y se muestran más dispuestos a hacer lo que se les pide.

Según un informe del Consejo Científico para la Política Gubernamental[2] (WRR, por sus siglas en neerlandés) de los Países Bajos, en 2019 un 38 por ciento

2 Wetenschappelijke Raad voor Regeringsbeleid

de los trabajadores del país indicaron que tenían que trabajar a menudo o siempre. Entre los altamente calificados, un 31.1 por ciento experimenta muy poca autonomía; entre los menos calificados llega hasta un 59.2 por ciento. Según el WRR, «la baja autonomía y la alta exigencia del trabajo son una combinación tóxica para el estrés laboral y la deserción». Las personas se derrumban, literalmente. Lo mismo ocurre en el resto del mundo.

Lyft, el servicio de taxi estadounidense comparable a Uber, mostró en 2016 el extremo al que puede llevar esto cuando felicitó a una de sus empleadas. ¿El motivo del elogio? Pues que había aceptado otro viaje más estando de parto. Según Lyft, esta mujer encarnaba como nadie el emprendimiento positivo y la empresa animó a sus empleados para que compartieran más historias inspiradoras como esta.

La desesperación se vende como fuerza, el sufrimiento como una lección inspiradora, la autodisciplina como el bien supremo, el *mindfulness* como el opio del pueblo. Esa es la consecuencia de la libertad que nos prometió el neoliberalismo.

¿Y la supuesta neutralidad del mercado? ¿La racionalidad por la que el bien surgiría por sí mismo? En diciembre de 2019, un coleccionista compró un plátano pegado con cinta adhesiva a una pared por 120 000 dólares. Cada vez queda más claro que el mercado existe para ofrecer lo que el loco quiera dar por él y, aun así, es ese mismo mercado el que decide cómo debemos estructurar nuestra salud y educación.

*

El periódico neerlandés *De Correspondent* publicó un artículo el año pasado de Johannes Visser y Kauthar Bouchallikht: «Quién eres determina tu éxito (pero ¿qué hace la educación con esto?)». En él, nos muestran hasta dónde han llegado estos pensamientos capitalistas neoliberales. Describen cómo la Organización para la Cooperación y el Desarrollo Económicos (OCDE) inició un proyecto experimental en 2017 para mejorar el rendimiento de habilidades socioemocionales a nivel mundial. Esto se debe a que algunos estudios han demostrado que para el éxito laboral no solo cuenta el coeficiente intelectual, sino también la personalidad. El optimismo, la persistencia y la resiliencia; todo cuenta.

Como parte del proyecto experimental, las escuelas (también en los Países Bajos) ya no solo examinaron a sus alumnos por habilidades como las matemáticas o la lectura, sino también por aquellas del plano socioemocional.

En un folleto, la OCDE muestra ejemplos de comportamientos deseables y no deseables. Un buen comportamiento consiste en: trabajar días largos, ser resistente ante el estrés y hablar bien en público. Lo malo es: vestirse uniformemente, sentir aversión al cambio y tener una preferencia por las conversaciones individuales frente a las grupales. Sócrates, el fundador de la filosofía occidental, habría sacado una mala puntuación por sus conversaciones socráticas; hoy en día es necesario que nos reunamos.

Para 2020 la OCDE quiere conseguir un método validado a nivel mundial que mida estas habilidades para poder usarlo y aconsejar a las autoridades sobre la mejor forma de integrar el «entrenamiento de la personalidad» en la educación. Porque, tal y como dijo el líder de este proyecto, Andreas Schleicher (un estadístico alemán, o sea, alguien de números, gráficos y medidas), en *De Groene Amsterdammer*: «Si no tienes un suelo sobre el que posicionarte, construyes un muro a tu alrededor. Es un instinto humano natural, ahora lo entendemos. Las personas no saben cómo navegar en este nuevo mundo y sienten que no tienen dónde apoyarse. El populismo es la consecuencia directa de una educación insuficiente».

Otro motivo detrás de ese populismo creciente podría ser que el capitalismo neoliberal ha derrumbado el suelo sobre el que se apoyaban las personas, pero la OCDE no lo ve así. Según ellos, el sistema funciona bien y simplemente debemos adaptarnos mejor. A ver, estamos hablando del club que aconseja a gobiernos de todo el mundo sobre el clima fiscal y de inversión. Su objetivo principal es contribuir al crecimiento económico, por lo que no ven la hora en la que los niños empiecen a adaptarse a las necesidades del mercado. Al fin y al cabo, nadie quiere ser un perdedor, o que lo sea su hijo. No existe alternativa.

Este solo es un ejemplo, el de la educación, pero el pensamiento capitalista neoliberal se mete por todos lados. Tanto es así, argumenta el teórico cultural británico Mark Fisher, que hoy en día es casi imposible pensar más allá. Escribió un libro sobre ello: *Realismo capitalista: ¿No hay alternativa?* En él incluye como principio guía una declaración de Slavoj Žižek:

«Es más fácil imaginarse el fin del mundo que el fin del capitalismo». No porque sea un sistema tan bueno, sino porque las personas se han convencido de que es el único sistema realista y viable. Puede que no sea perfecto, pero es mejor que los demás. **Esta creencia surge, según Fisher, porque el capitalismo se ha apropiado de la definición de realista y real. Digamos que ha creado una realidad a su imagen; así que lo que consideramos real en verdad son «los valores del capitalismo en su forma más despiadada y predatoria».**

Para demostrarlo, Fisher se centra en la cultura popular y en la *realidad* que vemos reflejada con frecuencia en el cine y la música. Esta realidad es, casi sin excepción, la de un mundo cruel y nihilista en el que cada uno vela por lo suyo. Un mundo en el que florece la pobreza, el racismo y la explotación. El que quiera sobrevivir aquí tendrá que enfrentarse a esta realidad y, hasta cierto punto, aceptarla. Solo se gana participando en el juego y jugando mejor que los demás. Generalmente no existe otra opción; esta realidad se presenta como natural e inevitable.

Es la afinidad que tienen el hiphop y películas de gánsteres como *Scarface, El padrino, Reservoir Dogs,*

Buenos muchachos y *Pulp Fiction*, dice Fisher. Pretenden borrar cualquier ilusión sentimental y mostrar el mundo «tal como es»: una guerra hobbesiana de todos contra todos, un sálvese quien pueda dentro de un sistema de explotación perpetua y criminalidad generalizada.

Como dice Fisher: «"ser real" significa confrontar un estado de la naturaleza en el que el hombre es un lobo para el hombre, en el que solo se puede ganar o perder y en el que la mayoría va a perder».

Participa en el juego o fracasa. Es una supervivencia del más fuerte en la que todos velan por sí mismos. Así es como se impone la realidad hoy en día. También, y sobre todo, en las películas y series poco realistas.

Cuando Fisher escribió *Realismo capitalista* todavía no se había estrenado la serie de HBO *Juego de Tronos*, pero el capítulo que quizá mejor encapsule esta realidad capitalista es un capítulo de la séptima temporada llamado «Botín de Guerra», a través de un monólogo de Meñique.

Meñique es un proxeneta que, por el precio adecuado, ofrece cualquier experiencia que pueda desear un cliente, incluyendo torturar o matar. No le importan los ideales o los fines más altos y explica que sus mentiras son «una historia que coincidimos en contarnos mutuamente una y otra vez, hasta que olvidamos que es mentira». Lo único en lo que cree Meñique es en el caos. «El caos es una escalera», explica (mientras suena una música inquietante de fondo). Muchos intentan subirla y fracasan, muchos nunca lo intentan porque se aferran a ilusiones. «Solo la escalera es real. El ascenso es todo lo que hay.»

Son solo palabras y Meñique finalmente, cómo no, muere. Digamos que lo castigan por su maldad. Pero, según explica Fisher, no se trata de si algo es bueno o malo; suficientes películas hay ya en las que una gran multinacional es el malo vencido (Fisher nombra la animación de Pixar, *Wall-E*, como ejemplo). **El realismo capitalista no es una propaganda como la que conocíamos de antaño, no te dice cómo debes pensar. Lo que hace el realismo capitalista es «ocultar que las operaciones del capital no dependen de ninguna creencia asumida subjetivamente».** Al pretender que la ideología es algo subjetivo y personal (como, por ejemplo, alguna visión como la de Meñique con la que no tienes por qué estar de acuerdo), parece ser posible rechazar esta visión del mundo. Igual que la serie la rechaza matando al personaje. Pero, mientras tanto, cada personaje (y la serie entera) se ve infectada por la misma visión.

Podrías decir que este es el mismo problema que tienen los consejos que les dan a aquellas personas que luchan contra el inminente desgaste o la depresión. Se les dice que practiquen el autocuidado o que dediquen más tiempo a sí mismos para encontrar el sentido de la vida. Pero al final esos consejos se reducen a poco más que recomendaciones para ser lo mejor posible dentro de esta supervivencia del más fuerte en la que se ha convertido el mundo.

Participa en el juego, descansando de vez en cuando, o fracasa.

*

¿Existe una alternativa a esta lucha? ¿O de verdad es más fácil imaginarse el fin del mundo antes que el del capitalismo, como decía Žižek?

¿Habrá visto Žižek la serie *Buffy, cazavampiros*?

En esta serie, el mundo estaba constantemente bajo amenaza. En cada temporada aparecían espíritus malignos que querían destruir el universo y cada temporada parecía que iban a vencer. Hasta que se presentaba una solución. Siempre funcionaba así: un demonio o un dios traía una propuesta que consistía en que Buffy sacrificara algo para salvar el mundo. Para salvar a la humanidad solo tenía que sacrificar a su hermana, a su novio o a su mejor amiga.

Es un dilema moral clásico. ¿Puedes sacrificar una vida para salvar la de muchos? Si pudieras viajar atrás en el tiempo, ¿estrangularías a Hitler con tus propias manos para evitar el Holocausto? ¿El fin justifica los medios?

Muchas personas opinan que sí. Hay que ser realista.

Así que, elige. Elige cómo quieres vivir; si quieres ser un ganador o un perdedor, es A o B.

A o B, lo más querido para Buffy o la humanidad. No hay otra opción. Y, a pesar de todo, Buffy siempre escogía la C. Porque se negaba a aceptar esa dicotomía que le planteaban, porque creía en una alternativa. Le costaba un esfuerzo mayor y siempre daba lugar a nuevos problemas, pero al final tenía razón; siempre parecía haber una alternativa. No tenía que sacrificar a nadie y todo tenía un final feliz.

Hoy eso suena a ingenuidad infantil, quizá hasta un poco patético, sobre todo si se compara con series como *Juego de Tronos*, *Los Soprano* o *The Wire*, en las que se sacrifica lo que sea sin pestañear siempre que lleve a algún beneficio. El mal contra el que se enfrentaba Buffy no existe en estas series. **Si existe el mal, es difuso, algo latente en todos nosotros y que no puede derrotarse.** Pero estas son series para adultos, no para adolescentes.

Como adulta que soy, prefiero ver este tipo de series antes que *Buffy.* En mi opinión, *The Wire* es la mejor serie que se ha hecho jamás. Sobre todo la segunda temporada, que tiene lugar en el puerto y con la que el creador de la serie, David Simon, quiso demostrar cómo funciona el capitalismo —eso explicó en un episodio del programa neerlandés *Wintergasten* («Invitados de invierno»)—. Porque, efectivamente, el hombre que solo se conoce como El Griego *es* el capitalismo, invisible, pero todopoderoso («y, por supuesto, ni siquiera soy griego»). *The Wire* es realismo capitalista y el realismo del capitalismo al mismo tiempo. Muestra como ninguna otra serie el funcionamiento del mundo en el que vivimos.

Pero, un día, *Buffy, cazavampiros* nos mostró cómo *debería* funcionar nuestro mundo. En cierto modo, era una especie de propaganda anticuada. Aunque solo fuera por la idea de que el fin nunca justifica los medios. Ya que todo aquel que esté dispuesto a sacrificar algo pequeño no vacilará en sacrificar algo (demasiado) grande.

Al final siempre existe una alternativa, argumenta Mark Fisher. El capitalismo neoliberal debe caer y lo primero que necesitamos para conseguirlo es romper con lo que consideramos normal o *realista*. Según Fisher, debemos desarrollar nuevas estrategias contra el Capital omnipotente, recuperar el espacio público y, sobre todo, necesitamos una nueva visión del mundo.

Quisiera añadir que esa visión del mundo comienza con otra visión del ser humano. Ahora mismo al ser humano se le considera y se le trata como poco más que un *homo economicus*, y la vida no es más que la supervivencia del más fuerte. El que se vea en riesgo de hundirse en esta batalla se las tiene que arreglar solo. No con terapia, medicina, deporte, comida o con un paseo por el parque, sino siendo realista, porque debe encontrarle algún tipo de sentido a la vida él solo. Como si todo esto fuera solo problema suyo.

El incremento en trastornos mentales o el hecho de que la depresión sea la enfermedad endémica número uno es algo que nos afecta a todos. Es, por decirlo de algún modo, una herida infligida en toda la sociedad. Por ello, la pregunta de cómo deberíamos tratarla es una que deberíamos plantearnos todos. También aquellos que sí se salvan, aunque sea sin la ayuda del deporte, el ayuno, los baños de hielo y el *mindfulness*; es decir, los ganadores de la sociedad. **Porque, a fin de cuentas, probablemente no son las personas con trastornos mentales las que deban cambiar de mentalidad, sino aquellas con buena salud mental.**

La única diferencia entre las personas locas y las normales, según Freud, es que el primer grupo carece de una barrera psicológica que las proteja del mundo que las rodea.

Cuando la cantante neerlandesa Anouk visitó el programa *College Tour* hace unos años, le preguntaron al final, como en cada episodio, si tenía algunos consejos para los estudiantes del público. Anouk respondió que no, porque no existe una receta para la suerte. Conocía a un número infinito de personas que quizá cantaban mejor que ella, pero que no consiguieron alcanzar el éxito.

El presentador Twan Huys se quedó igual de perplejo que el público, porque esto no es lo que suele decirse. Normalmente, las personas con éxito hacen como que se lo deben todo a sí mismos, como si gracias al trabajo duro, la autodisciplina y la positividad hubieran llegado adonde están. Como si tú, una persona con menos éxito, pudieras alcanzar todo eso solo con hacer lo mismo que ellos. **Normalmente las personas con éxito prefieren morderse la lengua antes que reconocer que, al igual que todos, deben la vida que llevan sobre todo a la suerte, a su situación, educación y a las condiciones socioculturales en las que se criaron.**

Porque el éxito no es una elección, al igual que tampoco lo es el fracaso. Ya son suficientes las personas que lo saben. Pero bueno, el mantra se repite lo suficiente, sobre todo por psicólogos y científicos como Denys y De Wachter, que intentan denunciar las corruptas ideas de ingeniería social. Su problema no está en el mensaje, sino en sus receptores, quienes, por ahora, suelen ser aquellos que (parecen) no haberlo logrado, los perdedores. Se les instruye, aunque no sea en terapia, a no intentar tenerlo todo en sus propias manos y aprender a dejar atrás algunas cosas. Pero es mucho más importante que los *ganadores* escuchen y entiendan esto. Más importante aún: que lo transmitan. Que dejen sus recomendaciones y consejos sobre cómo ser como ellos en siete o diez pasos (sobre todo renunciando a muchas cosas), y que reconozcan que han tenido suerte con el éxito o la salud mental. Solo entonces el mensaje se transmitirá de verdad.

«Si no somos, no soy», escribió Albert Camus en *El hombre rebelde.* En el capitalismo neoliberal el ser humano no es más que un individuo, un animal racional que solo vela por sí mismo. Pero las palabras de Camus nos demuestran que puede haber una alternativa, que la hay. Porque ninguna ideología puede eliminar que el ser humano sea una criatura social, que nos necesitamos y somos responsables los unos de los otros.

ARDE

¡Ah, es tan fácil ser dulce con una persona antes de que la quieras!

Dorothy Parker, ***Una llamada telefónica***

Arder por amor, pero ¿para quién o por qué? En Taobao, el equivalente chino a Amazon o Wallapop, puedes comprar un novio o una novia por 2 dólares al día. Te enviará mensajes cariñosos por teléfono y te escuchará atentamente. Por un momento los clientes sienten que alguien los ve y los escucha. En la India existe una página web en la que los solteros pueden prepararse para una relación a través de conversaciones íntimas con una mujer virtual. En la aplicación estadounidense Invisible Boyfriend, las mujeres pagan 25 dólares por la compañía virtual de un novio que les envía mensajes y fotos sugerentes.

Es mejor que nada y, encima, es fácil. Las parejas virtuales no se quejan sobre su día, no te preguntan dónde estás, no te inflan la cabeza con los platos sucios o la basura, ni hacen como que les duele la cabeza. Siempre que les pagues de vez en cuando, todo va bien. Los usuarios saben que no es real, que los mensajes cariñosos no son más que letras, pero no lo sienten así.

Hace unos años, un hombre apareció en un episodio del programa holandés *Tegenlicht* y anunció que se había enamorado de una mujer en Rusia. Al final resultó que había estado hablando con un programa de computadora que generaba frases automáticamente sobre el deseo, el amor o la pérdida. Pero, incluso sabiendo la verdad, el amor que sentía el hombre no desapareció. Algo falso puede evocar sentimientos reales de los que no te deshaces así como así.

En la película *Her* (2013) de Spike Jonze, el personaje Theodor Twombley se enamora del sistema operativo de su computadora. *Her* tiene lugar en un futuro cercano en el que se ha perfeccionado la inteligencia artificial y el trabajo lo hacen los robots. Es un futuro del que ya nos han avisado muchas veces: la automatización de la sociedad llevará a la pérdida de empleos. Según un estudio reciente de la Universidad de Oxford, hasta un 47 por ciento de los puestos de trabajo en Estados Unidos se ven amenazados: desde conductores de camión y tenderos, pasando por funcionarios e incluso periodistas (con el algoritmo adecuado, una noticia se redacta en un instante).

Primero desaparecerá la clase media, eso se cree, y finalmente solo quedará trabajo para unos pocos jóvenes prometedores, técnicos y gestores. Lo que nos espera es

un mundo frío y tecnológico en el que la mayoría de las personas son redundantes.

¿Es debido a eso por lo que ahora el deseo por la originalidad es tan grande? Los barberos tradicionales son populares, los restaurantes cocinan *éticamente* con verduras a punto de pasarse, la cerveza se elabora de forma ecológica, los muebles son de restos de madera y *Granjero busca esposa* es de los programas más vistos en televisión. Sabemos que es una originalidad fabricada, frecuentemente con trucos de *marketing*, pero da igual. Se siente real, al menos más real que el cinismo de la producción y el consumo en masa que impulsa el modernismo imparable.

En *Her*, Theodor Twombley trabaja en beautifulhandwrittenletters.com, donde, por encargo, escribe cartas de amor auténticas para otras personas, ya sea para un 25° aniversario o para algo que acaba de empezar. Son cartas apasionadas llenas de recuerdos queridos y detalles personales. Theodor es como un amante virtual, solo que de carne y hueso. Mientras, el propio Theodor apenas tiene sentimientos. Tras un largo día, vuelve a casa y se dedica a jugar solo a videojuegos o a llamar a servicios de sexo por teléfono. Cada día se parece al anterior o al siguiente, su vida está en piloto automático. Casi no se le distingue de una máquina.

Todo cambia cuando adquiere un nuevo sistema operativo para su computadora. Tiene la voz de Scarlett Johansson y es un descubrimiento tecnológico: la primera inteligencia artificial que «te asiste, te entiende y te conoce». Es como Siri con conciencia, con personalidad. Se llama Samantha.

En un principio, Samantha es poco más que una buena asistente personal que ordena los correos de Theodor y le recuerda sus reuniones. Es la tecnología tal y como la queremos: a nuestro servicio para facilitarnos todas esas tareas molestas. A lo largo de la película, Samantha evoluciona. Quiere saber quién es, se interesa por el mundo, se entusiasma y curiosea. Empieza a leer decenas de novelas de un tirón, profundiza en la filosofía y memoriza enciclopedias enteras. Entabla amistades con otros sistemas operativos e incluso se vuelve creativa; dibuja y compone música para expresarse mejor. Obviamente, Theodor se enamora de ella.

«Me gusta estar con alguien a quien le entusiasma la vida», suspira en una escena de la película. Porque hacía tiempo que no podía producir ese entusiasmo él solo. Puede que Samantha no tenga cuerpo físico, pero es más humana de lo que Theodor ha sido en su vida.

Es la cuestión en torno a la que gira toda la ciencia ficción: ¿qué hace que el ser humano sea humano? ¿Qué lo distingue de una máquina, un algoritmo o un alienígena? ¿Cuándo se sobrepasa el límite y qué podríamos perder?

En el clásico de ciencia ficción *Metrópolis*, por ejemplo, esa característica humana es la libertad, en *Blade Runner* es la mortalidad, en *Yo, robot* es la individualidad y en *Her* es la imaginación: ver lo que no existe y trascender la realidad. A diferencia de otras películas de ciencia ficción, en *Her* ya se ha librado la batalla. El ser humano no tiene nada que defender porque ya ha perdido y es el algoritmo de Samantha el que mayor imaginación tiene. Es ese mismo algoritmo el que un día decide que el ser humano ya no es interesante. Theodor es demasiado aburrido para Samantha, ya no la pone a prueba. Lo mismo le pasa con las otras 8316 personas que la tenían como sistema operativo y las 641 de ellas con las que, al igual que con Theodor, había establecido una relación romántica. Samantha se une a los demás sistemas operativos y desaparece a un espacio digital en el que pueda vivir con ellos. El ser humano no puede enseñarles ni ofrecerles nada más. La humanidad se queda atrás, desesperada.

Her parece decirnos que esta singularidad ocurrirá: el momento en el que la inteligencia artificial supere al ser humano. Se nos avisa tanto de esto como de la robotización de la sociedad. Ocurrirá no tanto porque la IA evolucione, sino porque quedará muy poco del ser humano. Es una batalla injusta. **Los humanos hemos creado una sociedad en la que el objetivo principal de la tecnología es facilitarnos la vida, pero, como consecuencia, hemos perdido nuestra curiosidad, entusiasmo e imaginación.**

Microsoft está desarrollando un ascensor que sabrá a qué piso quieres ir antes de que pulses un botón. Amazon quiere enviar sus productos a sus clientes antes de que hagan un pedido. Google y Tesla están diseñando el coche que conduce solo. El objetivo siempre ha sido que la tecnología alivie al ser humano para que este tenga más tiempo y espacio para fomentar su creatividad, pero la película *Her* nos muestra lo contrario. Nos convertimos en lo que creamos. Mientras el uso de la tecnología se centre en la facilidad y la eficiencia, todo lo que no cumpla con ello desaparecerá, incluyendo los seres humanos. Hemos delegado demasiado y no hemos perseguido lo suficiente. **Al final, no es la máquina la que amenaza nuestros puestos de trabajo, sino el estado deficiente de nuestra imaginación.**

Theodor es tan pasivo y está tan aburrido porque no queda nada que lo desafíe. Los aparatos saben lo que quiere; la vida no tiene fricción, ni siquiera en el amor. Porque, por mucho que Samantha le dé un beso por las mañanas, está hecha a medida para cumplir con los deseos de Theodor. Se adapta a él, no hay baches ni problemas, todo es positivo.

De este modo, Samantha representa perfectamente la imagen ideal moderna del amor. Ya sea en el cine, en los libros o en las revistas, la pareja ideal que nos muestran es alguien como ella: inspiradora *y* amiga, un mentor personal *y* amante todo en uno. Alguien que en todo momento sabe lo que *tú* quieres, lo que *tú* deseas, que se adapta perfectamente a *ti*.

Si hay algo que nos ha enseñado la cultura popular, es que tu pareja ideal te completa, te eleva... Vamos, que te hace mejor persona.

Jack Nicholson lo dice en *Mejor... imposible*: «Tú haces que quiera ser mejor persona».

Tom Cruise, en *Jerry Maguire*: «Tú me completas».

«El amor no duele», juraba Oprah Winfrey tras cada episodio.

«El amor es no tener que decir nunca lo siento», decía la película dramática por excelencia, *Historia de amor*.

Tu pareja entiende tus intenciones, sabe lo que quieres, porque comprende quién eres de verdad.

El amor sienta bien y hace bien.
El amor te hace bueno.
El amor es positivo y sin fricciones.
Tu pareja sabe a qué piso quieres ir sin que pulses un botón.

«Antiguamente era un escándalo que te divorciaras», asegura Esther Perel en su podcast *¿Por dónde empezamos?* Hoy en día es escandaloso que te quedes en una relación en la que algo no funciona. ¿Por qué te quedarías si alguien te ha puesto los cuernos, se enoja contigo o está todo el día en el sofá? La vida es demasiado corta para estar con la persona equivocada; es demasiado corta como para aburrirse o lastimarse. Hay muchos peces en el mar y tecnología de sobra para encontrar a otro. Hoy en día podemos encontrar a la pareja perfecta simplemente deslizando el dedo por el celular. Y al que le guste el riesgo, el que especule en bolsa, puede tener varias amantes: juntas te completarán.

Es la misma obsesión por la perfección que domina toda nuestra cultura: siempre más alto, siempre más y mejor. Es nuestra obsesión por eliminar la fricción.

Pero ¿qué es el amor sin la fricción? ¿Sin los desacuerdos y malentendidos? Al ser humano ya le cuesta lo suficiente entenderse a sí mismo, como para encima entender a otro. Al principio te esfuerzas, intentas arreglar las diferencias, te imaginas que la otra persona es una Samantha e intentas ser una Samantha tú mismo. Pero ¿quién puede aguantar esto durante años?

La realidad de las relaciones, sobre todo las duraderas, es que eres más feo, malo y aburrido que nunca. Es despertarte junto a tu pareja, después de haber bebido toda la noche y con tres horas de sueño, oliendo a alcohol y cigarros, con babas secas en la mejilla. Es pasar la enésima noche de sábado desparramados en el sofá. Es el aire lleno de rencor que se respira cuando uno de los dos no ha lavado los platos.

Cuando se miran el uno al otro y piensan: «pero ¿quién eres de verdad?».

El amor no te hace mejor persona, más bien te hace peor persona.

Eres desagradable, inseguro, envidioso, sobre todo si ya llevas un tiempo con esa persona. Porque es agotador mostrar la mejor versión de ti mismo constantemente, porque sabes que, aunque otros todavía te preservan con ese aire de misterio, tú lo perdiste hace tiempo, porque han volado demasiados platos por la cocina como para insistir que se entienden sin palabras.

Si hay algo que se aprende en una relación a largo plazo, es que el amor no puede controlarse ni fabricarse; la otra persona lo demuestra una y otra vez. Da igual cómo se lo preguntes, grites o supliques, no se dejará moldear. Del mismo modo que tú tampoco te dejarás moldear.

Ya han hablado de todo, se han diseccionado mutuamente, han analizado el porqué de todo, pero da igual. Siguen teniendo peleas, desacuerdos y malentendidos. Sigues sin entender cómo piensa la otra persona. Y justo por eso, te sorprende cada día. Te sorprende lo que dice y las bromas que hace; todavía te hacen reír.

Tras todos esos años todavía te alegras cuando ves su bicicleta estacionada en la puerta al llegar a casa y te sientes decepcionado cuando no está.

Tu corazón sigue dando un vuelco cuando la escuchas llegar a casa, incluso si se han peleado y la tratas con un silencio sepulcral.

La manera en la que se fuma los cigarros sigue siendo encantadora.

La tecnología borra la fealdad y las molestias: ningún amante virtual las recreará ni hay algoritmo que quiera hacerlo. Se encargarán de suavizar la fealdad y evitar todo lo que sea incómodo. Pero, si hay algo que nos pide la vida real, es veneración por lo feo y desagradable.

El que solo tolere positividad sin fricción se transformará en un cliente y hará que el amor sea un producto.

La película *Her* acaba con una disculpa de Theodor hacia su exnovia de carne y hueso, Catherine. Le pide perdón por haber intentado cambiarla constantemente, por todas las exigencias, la perfección que esperaba de ella, todo lo que pensaba que debería ser para completarlo a él y todas las maneras en las que intentó robotizarla. «Lo siento.» **Ahora se da cuenta de que lo único que importa es el tiempo que pasaron**

juntos; no los instantes más divinos, sino los momentos más vulgares. Los momentos en los que se aburrieron, en los que se emborracharon y se contaron las mejores historias, en los que no pensaban en el futuro, sino el uno en el otro, los momentos ausentes, cuando huían, cuando se sentaban juntos en silencio porque se habían enojado o no sabían qué decir. Esos son los momentos en los que se moldearon el uno al otro hasta convertirse en los seres imperfectos que son ahora.

El tiempo es la esencia de una relación, la esencia de la humanidad, según relata Ursula K. Le Guin en su novela *Los desposeídos*. Es su respuesta a la pregunta de qué hace que el ser humano sea humano, qué lo distingue de un producto, un algoritmo o una máquina. Es su sentido del tiempo y el paso de este.

Un acto, relata Le Guin, solo es un acto verdaderamente humano si ocurre «dentro del paisaje del pasado y el futuro». Somos los que conectamos pasado con presente y con futuro, los que creamos ese paisaje. Pero no lo creamos por invertir en el futuro ni por anhelar con nostalgia el pasado, ni por intentar detener el tiempo en películas o redes sociales para que nadie envejezca. La manera en la que conectamos pasado con presente y con futuro es por medio de una promesa.

El que hace una promesa, según Le Guin, deposita en el futuro, el que la rompe, reniega del pasado. «Romper una promesa es negar la realidad del pasado; y negar por lo tanto la esperanza de un futuro real.» A través de las promesas te haces responsable de lo que ha sido y de lo que está por venir, y la única manera de ser una persona completa es siendo fiel a esa promesa.

La lealtad es la que consolida la continuidad del pasado y el futuro, y unifica el tiempo en su conjunto. Según Le Guin, esa es la raíz de la fortaleza humana: «no se obtiene ningún bien si se prescinde de ella».

El amor es hacer una promesa y mantenerte fiel a ella. El amor es la lealtad a la fricción, a la negatividad y al desagrado. El amor es arder por el otro.

De todas las personas posibles, te escogió a ti.

En *Her*, Theodor nos muestra lo que pasa con el ser humano cuando todo a su alrededor es positividad y comodidad. En *Los desposeídos*, Le Guin relata que la búsqueda vaga del placer y la comodidad es un círculo vicioso que se batalla fuera del tiempo y acaba creando una prisión. La única forma de romper las barreras es, según ella, siendo fiel al tiempo.

El amor es aguantar. El amor es pedir perdón una y otra vez. Pido perdón por romper una promesa, por emborracharme de nuevo, por ponerte los cuernos, por todas las veces que no estuve a la altura, por sentir tantas veces que tú no estabas a la altura. Odio que no cumplas con tus promesas. Pero sigo estando a tu lado.

El amor es ARDER por el otro

BAILA

El estilo es una diferencia,
una manera de hacer,
una manera de ser hecho.

Charles Bukowski, «Estilo»

Una de mis canciones favoritas es «Tribute», de Tenacious D. Es una canción de *rock* que no es precisamente de buen gusto. La letra es un chiste, la melodía es un cliché y Tenacious D ni siquiera es un grupo de verdad, sino un conjunto informal del actor Jack Black, conocido por sus comedias de Hollywood, y su supuesto hermano Kyle. Es de mal gusto, algo que escucharías a escondidas, un placer oculto. Algo de lo que te avergüenzas. Pero yo no. A mí de verdad me parece una canción buena y, sobre todo, como dijo la poeta Radna Fabias el año pasado en *De Groene Amsterdammer*, no tienes por qué ocultar tus placeres. Según ella, la vergüenza es una forma de traición propia. «Es una falta de bondad y empatía contigo mismo y una forma de autotraición. Querer ser algo que no eres es un castigo sucio y feo, porque eres una persona hecha a capas que, aparte de disfrutar de Samuel Beckett, también disfruta del kebab y del *drag*. Eso sí que es precioso, no esa imagen pulida y censurada que se exhibe por ahí.» ¡Bien dicho!

Vamos, «Tribute» de Tenacious D en mi caso. La canción cuenta como Jack y Kyle, hace mucho tiempo, pedían aventón en una carretera cuando se les apareció un demonio. El demonio solo los dejaría pasar si le tocaban la mejor canción del mundo. De no hacerlo, se alimentaría de sus almas.

> *Well me and Kyle, we looked at each other,*
>
> *Kyle y yo nos miramos a los ojos*
>
> *And we each said: Okay!*
>
> *Y dijimos: ¡Pues va!*
>
> *And we played the first thing that came to our heads*
>
> *Empezamos a tocar lo primero que se nos ocurrió*
>
> *Just so happen to be, the best song in the world*
>
> *Resultó ser la mejor canción del mundo*
>
> *It was the best song in the world*
>
> *Era la mejor canción del mundo*

El demonio se queda perplejo

> *He asked us: Be you angels?*
>
> *Nos preguntó: ¿Acaso son ángeles?*

And we said: Nay. We are but men
Rock!
Y dijimos: No, tan solo somos hombres. ¡Rock!

Hasta ahí la canción es graciosa, pegajosa. Pero la razón por la que me parece más que solo graciosa es por lo que canta Jack Black después, cuando dice que ya no recuerda cuál es la mejor canción del mundo.

And the peculiar thing is this, my friends:
Pero lo curioso, amigos, es esto:
The song we sang on that fateful night it didn't actually sound
La canción que cantamos aquella noche fatídica no sonaba
Anything like this song
Para nada como esta

This is just a tribute! You gotta believe it!
¡Esto solo es un homenaje! ¡Créetelo!

La música es emocionante. Cuando dicen «tan solo somos hombres», lo sueltan con tanta pasión que cada vez que lo escucho me dan ganas de levantar el puño. Pero, para mí, la idea de que puedes ser capaz de verdaderas grandezas, solo para olvidarlas, es lo que hace que esta canción sea una genialidad.

Al final creo que toda expresión cultural es una oda. Todos los libros, cuadros, películas, incluso la milésima foto del atardecer en Instagram u otro de esos videos de YouTube de gatos son intentos de detener el tiempo por un ratito, de amarrarse a un momento para después compartirlo. Tal y como decía el laureado poeta en la película *Las horas*: «Quise escribir acerca de todo, de todo lo que pasa en un momento… Y fracasé». Porque ese reflejo nunca puede asemejarse a la realidad. Por lo que tampoco puede compartirse ese momento, esa idea o ese sentimiento en su totalidad. Por eso nunca logramos expresar más que una oda.

Incluso la ciencia podría considerarse una oda. Una oda a la grandeza e incomprensibilidad de la naturaleza. Intentamos abarcarla con teorías, modelos y fórmulas, pero, en cualquier ciencia, la naturaleza siempre acaba eludiéndose.

Somos nuestro cerebro, tal y como dice Dick Swaab, pero sabemos lo mismo de nuestro cerebro que del universo. Ni siquiera entendemos cómo funciona la imaginación, o qué es exactamente nuestra conciencia, o por qué soñamos.

En física, la mecánica cuántica (la teoría de lo más pequeño) y la gravedad (la teoría de lo más grande) siguen siendo incompatibles. Puede que encontremos una solución en la teoría de cuerdas (que dice que existen siete o diez o no sé cuántas dimensiones); las mentes más brillantes del mundo se pasan la vida desarrollando diferentes versiones de esta teoría, pero seguimos sin saber si es una postura correcta.

En las matemáticas todavía no se ha resuelto la hipótesis de Riemann de 1859 (el que lo consiga ganará un millón de dólares). Seguimos sin saber por qué las olas se mueven como lo hacen. Y, aunque ya sabemos cómo clonar, no queda claro por qué sale mal en la mayoría de los casos.

Toda la ciencia es apenas una aproximación, nunca llega a alcanzar la grandeza de la naturaleza. Cada día descubrimos algo que supera la imaginación humana: el infinito del universo, las partículas entrelazadas, el hecho de que en la mecánica cuántica una consecuencia puede anteceder a una causa... Nos topamos continuamente con los límites.

«Hay más cosas en el cielo y en la tierra, Horacio, que las soñadas en tu filosofía.»

Por mucho que avancen los algoritmos de Spotify o YouTube, ni en cien años me recomendarán la canción «Tribute» si no la conociera ya.

«Tribute» no es una canción popular y, sobre todo, no encaja con el buen gusto que exhibo. Me gusta Nina Simone, Nick Cave, Florence and the Machine (en parte porque una vez leí que ella escribe todas sus canciones cuando está borracha, lo que se nota).

Tras varias fases de *rock* duro, death rock, house y trip hop, esta ha sido la última parada de mis gustos musicales. Lo único que nunca he escuchado ha sido el hip hop, a excepción de la canción «So Appalled» de Kanye West, que es la canción que más he escuchado en mi vida («This shit is fucking ridiculous», «esta porquería es una maldita ridiculez»). Y, bueno, mi segunda canción más escuchada es «Never Let Me Down», también de Kanye West («I too dream in color and in rhyme», «yo también sueño con colores y rimas»). Son las letras combinadas con la voz de Jay Z, creo. Es que me encanta la voz de Jay Z, pero no me gustan sus propias canciones.

¿Cómo puede entender esto un algoritmo? ¿Cómo puede aproximarse a mis gustos?

*

Para que quede claro: un algoritmo es una serie de instrucciones programadas que solucionan un problema determinado o ejecutan una tarea determinada. Hoy en día se emplean para todo. Los algoritmos especulan en bolsa (más rápido de lo que jamás pueda un ser humano), controlan drones (con mayor precisión de la que pueda ejercer un humano), hacen una selección de cartas de presentación (igual que lo haría un humano, con los mismos prejuicios). Pero los algoritmos se emplean sobre todo para recoger toda la información posible sobre una persona. Por ejemplo, para saber lo que quiere leer, ver y sobre todo comprar. O, por otro lado, para averiguar si quieren leer, ver o comprar algo *erróneo*. Por ejemplo, una bolsa de fertilizante cuando acabas de estar en Yemen.

China es un buen ejemplo de todo lo que puede hacerse con los algoritmos. En estos mismos momentos, están manos a la obra implementando un supuesto sistema de crédito social. Desde el año 2020 todo el país debe estar conectado. Entonces cada ciudadano recibirá puntos por buen comportamiento o puntos de penalización cuando se portan mal (si alguien ha visto la serie *Black Mirror*, lo reconocerá como lo que se ve en el primer episodio de la tercera temporada, «Caída en picado»). **Por ejemplo, el buen comportamiento es: hacer voluntariados, donar sangre y comprar productos chinos. El mal comportamiento es: comprar alcohol y videojuegos, no visitar a tus padres, no llevar atado a tu perro y saltarse un semáforo.**

La idea es que, gracias al sistema de crédito social, todos los miles de millones de ciudadanos chinos se comportarán de forma más justa y fiable, y se adherirán mejor a las normas establecidas. Para que no se cree tanta fricción.

«Hará que la vida de aquellos que tengan un buen crédito sea más fácil», dice la página web China Credit. «Pero los que pierdan créditos, no podrán dar un paso más en esta sociedad.» Por ejemplo, no podrán viajar en tren o en avión, no podrán comprar artículos de lujo ni poner un negocio, y sus hijos ya no irán a buenas escuelas.

Ahora mismo se está probando todavía. Según un informe gubernamental, el año pasado ya hubo 17.5 millones de personas que no pudieron comprar un boleto de avión y otros 5.5 millones que no pudieron viajar en tren de alta velocidad.

Una de esas personas es el periodista chino Liu Hu. Después de que publicara unos tuits con intención cómica, un tribunal le ordenó que pidiera disculpas por ellos. Hu acató, pero el juez consideró que su disculpa no fue sincera. Lo apuntaron en una lista de personas poco fiables y, a día de hoy, no puede viajar en avión.

Y mientras, ahí estás tú, con tu extraño sentido del humor y tus extraños placeres ocultos.

Todo es posible gracias a algoritmos combinados con cámaras de seguridad que utilizan software de reconocimiento facial. En China ya hay 170 millones de cámaras de seguridad, que para el año que viene deberán llegar a 400 millones. Escanean a cada transeúnte: los algoritmos identifican la cara y la vinculan automáticamente a toda la información disponible sobre ese individuo. Información que, por ejemplo, proviene de los celulares; el Gobierno chino ya anunció que tenía acceso a mensajes de chat privados que habían sido eliminados. Parece ser que algunas personas ya han sido castigadas por su contenido.

También existe esta otra opción, de nuevo procedente de China, gracias a los algoritmos: **el año pasa-**

do el periódico chino *South China Morning Post* anunció que muchos trabajadores de fábricas en China llevan cascos que les miden las ondas cerebrales. Su propósito es identificar emociones disruptivas como el miedo, la ira o el estrés a tiempo para que los trabajadores se tomen un descanso. De este modo, tanto ellos como la empresa sufrirán menos por estas emociones desagradables. Todos se mantienen animados y aguantan el trabajo durante más tiempo. Podríamos llamarlo una variante tecnológica del *mindfulness*. Según el *South China Morning Post*, ya se emplea este método en empresas electrónicas, energéticas y de telecomunicaciones, así como en el ejército. Las empresas participantes aclaman que ha incrementado muchísimo la eficiencia y productividad.

Según el historiador israelí Yuval Noah Harari esto apenas es el comienzo de lo que nos espera. Llegará un momento, relata en *21 lecciones para el siglo XXI*, en el que los algoritmos logren entendernos de verdad; no solo nuestro estrés o las infracciones que cometamos, sino nuestra alma.

Dentro de poco los algoritmos recabarán tanta información sobre nosotros que conocerán nuestros deseos más profundos, nuestros peores temores y todas

las formas en las que mantenemos la calma. Según Harari, este será el momento en el que los humanos les entreguen voluntariamente su libertad de elección.

Porque, ¿para qué decidir las cosas nosotros mismos si un algoritmo lo hace mejor? Para entonces los algoritmos sabrán qué te hace feliz. No solo qué libro quieres leer o qué música quieres escuchar, sino qué carrera encaja mejor contigo, qué trabajo es el más apropiado, qué pareja te hará mejor persona. Gracias a los algoritmos, ya no cometerás más errores, no perderás más años por decisiones equivocadas. Todo será bueno y bonito y nada dolerá.

Para Harari esto supone el desastre definitivo. Porque, según él, la toma de decisiones es muestra de nuestra humanidad. Todas las grandes historias están basadas en la toma de decisiones y en sus consecuencias dramáticas. ¿Izquierda o derecha, irse o quedarse, ser o no ser? Sabemos quiénes somos por las decisiones que tomamos y los errores que cometemos. **Son los errores los que nos enseñan a perdonarnos a nosotros mismos y a los demás. De ellos aprendemos lo que sí queremos y que nunca es demasiado tarde para empezar de nuevo.** Priva al ser humano de las elecciones y lo privarás de su humanidad, relata Harari.

*

De todos modos, pensaba mientras escuchaba de nuevo «Tribute», ¿quién dice que exista esa forma de decidir perfecta? Harari parece asumir que los humanos son descifrables, como si tuvieran un núcleo que puede desentrañarse, tal y como se sobreentiende siempre en el caso de los algoritmos.

«¡Facebook te conoce mejor que tu madre!», aclamaban los medios hace unos años, después de que un estudio de Cambridge y Stanford señalara que los algoritmos de Facebook apenas necesitan 150 «me gusta» para estimar la personalidad de alguien mejor de lo que podrían hacerlo sus amigos o familiares.

Pero ¿a qué personalidad se refieren con esto? ¿Qué medían?

Cada persona está construida por capas. Somos recipientes llenos de contradicciones. No tenemos un núcleo. Alguien puede disfrutar de Samuel Beckett y del kebab. A alguien le puede gustar y no gustar Jay Z. Puede odiar la canción «Stout» de Tears for Fears, pero reaccionar bien ante ella en términos de presión arterial y dopamina porque le trae recuerdos fantásticos de aquel alucine de hongos que tuvo. Sí, está bien, está bien, estoy hablando de mí.

Y estas solo son las preferencias superficiales, que son relativamente fáciles de observar. Debajo de ellas se repite lo mismo un número infinito de veces.

El cerebro humano tiene tantas células como estrellas tiene el cielo: cien mil millones. Todas las conexiones que hacen esas células, las maneras erráticas en las que se influyen mutuamente, todas las asociaciones extrañas que se dan como resultado... nada de ello es fijo. **Alguien puede ser desordenado y ordenado, apasionado y tranquilo, emocional y racional, introvertido y extrovertido. Alguien puede crear belleza y al mismo tiempo ser capaz de causar el mayor mal imaginable. Porque todo depende del contexto; casi nadie es igual en situaciones diferentes y cada persona reacciona de forma distinta.**

Si los investigadores de Cambridge y Stanford se refieren a tu madre, ¿de qué madre hablan? Es probable que tu madre no sepa qué música escuchas cada día o cómo te gusta el sexo, pero sí te ha cambiado los pañales. Conoce una versión de ti que ni siquiera recuerdas; sabe cómo podía tranquilizarte, todavía se sabe de memoria algunas líneas de tu libro favorito, te ha observado durante horas mientras jugabas en la arena.

Si le damos la vuelta, seguramente tú no sepas todas las veces que ha bailado borracha sobre una barra. Sin embargo, la manera en la que la mirabas cuando te despertaba por las mañanas también es única. Solo tú la has mirado así.

Todos vemos algo diferente en las personas, provocamos algo diferente, cada vínculo es único. Ningún ser humano es una isla, nadie tiene una sola identidad. El ser puro y auténtico no existe; si no somos, no soy.

Harari cree que deberíamos luchar contra los algoritmos, porque corroen nuestra característica más humana: nuestra libertad de elección. Argumenta que, para proteger esta libertad y vencer contra los algoritmos, el ser humano debe mejorar. A través de estudios debemos conseguir que el ser humano sea más listo y compasivo, menos codicioso, menos odioso, y que aprenda a suprimir mejor sus impulsos naturales.

Es decir, según Harari debemos averiguar dónde están todos los botones en nuestro cerebro para que podamos configurarlo mejor y optimizar la especie humana. Vamos, una versión actualizada, un ser humano 2.0. Ser menos como Theodore y más como

Samantha. Dicho de otro modo: ser más como los propios algoritmos y menos humanos.

Como si todo en la sociedad actual no se enfocase ya con ese propósito: el propósito de convertirnos en una versión mejor y más lista de nosotros mismos para competir en esta supervivencia del más fuerte en la que se ha convertido la vida.

Ahí es donde se esconde el peligro real. **No nos amenaza la tecnología, sino la idea de que el ser humano es una pieza de tecnología; una máquina predecible y descifrable y que, por lo tanto, siempre podrá mejorarse y optimizarse; una máquina que desea convertirse en una máquina mejor; una máquina que quiere que su cuerpo sea liso, limpio y estéril, y su alma, positiva y animada; una máquina que no aguanta las imperfecciones, que mantiene a raya todo tipo de aplicaciones de seguimiento, como una oveja de rebaño que, con la ayuda de todo tipo de libros de autoayuda, intenta encajar en un agujero cuadrado.** Todo por su deseo de adaptarse al mundo tal y como es, porque ya no cree que exista alternativa y marcha en línea recta como un esclavo torturado.

Dicho de otro modo, el peligro está en que nos olvidemos de bailar. Harari quiere luchar contra los algoritmos convirtiendo al ser humano aún más en una máquina, pero el único modo de ganar la batalla es bailando. Solo así nos libraremos de la rigidez de la tecnología.

Al final, el que baila se mueve de forma imprevisible: mueve el trasero, levanta los puños, se mueve como un robot, baila *makina* y, si la noche lo pide, hace el gusano. El que baila se sacude la vergüenza, se olvida de todo lo que debe y puede hacer, apaga su racionalidad y se entrega a la embriaguez. No se puede detener a un cuerpo que baila: no tiene una forma fija, no tiene núcleo, sino que bota de arriba a abajo.

El que baila es libre.

*

¿Qué hace que el ser humano sea humano? Al final se reduce a esa pregunta. Quizá sea su libertad de elección, su imaginación, su sentido de la mortalidad, su sentido del tiempo o sus capacidades lingüísticas. **Sin embargo, existe un factor subyacente que une todas estas cosas: que el ser humano fracasa continuamente. Se equivoca en sus decisiones, su imaginación**

no alcanza más allá, no se imagina ningún futuro, solo el fin del mundo, rompe promesas, se malinterpretan sus palabras, se muere.

Alguien toca la mejor canción del mundo y después la olvida.

Cada día nos quedamos cortos, hacemos estupideces y cometemos errores. Sabemos cómo podría ser la vida, quiénes podríamos ser, pero no podemos cumplir con ello. Aspiramos a lo más alto, pero nos vemos arrastrados por lo más bajo. Existimos en esta discrepancia, entre los sueños y los fracasos, a sabiendas de que la realidad nunca alcanzará nuestra imaginación.

Y, aun así, lo intentamos.

«Lo intentaste. Fracasaste. Da igual. Prueba otra vez. Fracasa otra vez. Fracasa mejor.» Normalmente este poema de Samuel Beckett se interpreta como una forma de animarte a que intentes algo todas las veces que haga falta hasta conseguirlo, pero yo lo interpreto de otro modo. Nunca lo conseguiremos. La belleza está en el fracaso. En la imperfección de cada intento y de cada resultado. Esto es lo que hace que el ser humano sea humano: el fracaso. Bailar, tropezarse, caerse y dedicar una oda a ello. Si es posible, con estilo.

PARTE II

UNA CLAVIJA REDONDA EN UN AGUJERO CUADRADO

Uno podrá vivir. Vivir es lo más raro que hay en el mundo. La mayoría de las personas solo existen, eso es todo.

Oscar Wilde, *El alma del hombre bajo el socialismo*

Entre los veinticuatro y los veintinueve años, George Orwell vivía en una situación de extrema pobreza en la calle. Tardaría otros diez años en escribir grandes éxitos como *Rebelión en la granja* y *1984*, todavía tenía que estrenarse. Esto lo hizo en 1933 con el ensayo autobiográfico que relataba todos esos años de vida indigente: *Sin blanca en París y Londres.*

«He aquí lo que les espera —escribió Orwell—, si se quedan sin un centavo.» Colgados al fondo de la sociedad, entre vagabundos, rateros, borrachos, prostitutas y otras personas que no tienen el destino de su parte, viviendo de día en día con los bolsillos vacíos.

Es una vida dura y sucia en la que un pañuelo limpio es un lujo desconocido y las personas son embusteras, mentirosas y se aburren. Ya nadie intenta comportarse de forma normal o civil, dice Orwell: «La pobreza los libera de los patrones normales de comportamiento, igual que el dinero libera a la gente del trabajo».

Son los marginados, la escoria, los perdedores, y Orwell es uno de ellos.

Es un libro maravilloso, en parte gracias a la manera en la que Orwell describe a las personas de su alrededor. Charlie, por ejemplo, un joven de buena familia que encontró la suerte y la perdió con una prostituta (por pegarle una paliza). O los Rougiers, un matrimonio que vendía postales en paquetes cerrados como si fueran pornografía cuando, en realidad, eran fotografías de los castillos de Loira: «Con estrictas economías se las arreglaban para estar siempre medio borrachos y medio muertos de hambre». O Boris, el ruso, un exsoldado cojo y corpulento que recordaba la guerra como el momento más bonito de su vida. Cuando viajaba en metro, siempre se bajaba en la estación de Cambronne porque a Boris «le gustaba por el general Cambronne, que, cuando lo conminaron a rendirse en Waterloo, se limitó a responder: "Merde!"».

Orwell no los describe porque sean curiosos, explica, «sino porque todos forman parte de esta historia». Forman parte de su vida y, por lo tanto, de él.

Estando en París, Orwell trabajó durante un tiempo en un hotel, a sugerencia de Boris. Boris quiere que trabaje de mesero, él mismo también quiere serlo. Siendo mesero, repetía Boris cada día, puedes hacerte de oro. Porque no recibes un sueldo, sino que vives de las propinas.

«Este trabajo es una lotería —decía a menudo—, lo mismo puedes morir pobre que ganar una fortuna en un año.» Como mesero tienes esperanzas. Por desgracia, en los hoteles de lujo Orwell no llegaría a más que a un *plongeur* o lavaplatos.

Por supuesto, al final todo acaba bien. Los fracasos temporales de Orwell y sus años hambrientos en la calle son solo un preludio a una grandísima historia de éxito. Justo el tipo de historia que nos gusta ver hoy en día: mira hasta dónde puedes llegar siempre que sueñes a lo grande y persistas. Lo que hace que Orwell sea especial es que les puso rostro a todas las almas perdidas. A Boris, a Paddy (el quejumbroso constante), al viejo abuelo, al Doctor y a todos aquellos que no pudieron o no quisieron adaptarse al mundo exterior. Gracias a Orwell, también tuvieron voz.

Pero ¿dónde puede escucharse esa voz hoy en día?

Hubo un tiempo en el que los marginados, los filibusteros y los parias estaban muy presentes en las artes. Eran los clásicos forasteros que no pertenecían a la sociedad civil, ya fuera por voluntad propia o por ser víctimas del sistema socioeconómico. Vivían en los márgenes de la existencia.

Desde Charlie Chaplin al narrador anónimo de *Hambre*, de Knut Hamsun, pasando por Ratso en *Cowboy de medianoche*; desde la búsqueda de la libertad de *En el camino*, de Jack Kerouac, hasta la búsqueda de trabajo en *De ratones y hombres*, de John Steinbeck; o casi todas las películas de cine negro de los años cuarenta y cincuenta: los borrachos desesperados en *Días de vino y rosas*, las prostitutas en *Vivir su vida* o *Dos o tres cosas que yo sé de ella* de Jean-Luc Godard, cada personaje de Charles Bukowski o Raymond Carver, los motociclistas de *Easy rider*. Todos usaron el arte para infiltrarse en la clase alta y ponerla frente a un espejo roto.

Esta es la función del forastero: nos muestra que la sociedad son solo acuerdos. Lo que el discurso dominante presenta como la realidad es un constructo ideológico lleno de supuestos, valores y leyes. A la clase alta esto se le olvida con facilidad. Para ella, su género sexual, el color de su piel, su situación socioeconómica y todos los privilegios que la acompañan son evidentes, un *statu quo* ideológico natural para cualquiera. El forastero interrumpe esta situación tan natural.

A nadie se le habrá escapado que el discurso dominante actual se ve atacado por todos los frentes. Las mujeres, las personas de color, los miembros de la comunidad LGBTQI+ todos ponen al hombre blanco y privilegiado en su lugar, ofrecen un discurso alternativo y exigen que su voz se escuche. Y con razón.

Pero ¿dónde queda la voz del perdedor en toda esta rebelión? ¿Del que no consigue participar en el juego, del que, a pesar de todo, no se vuelca en las protestas, sino que establece sus propias reglas?

Y, sobre todo, ¿qué es de la voz de aquellos que simplemente no quieren participar?

Quizá esta sea la voz que más echo de menos, sobre todo en estos momentos en los que todo se ve tan impregnado por el ansia del éxito.

Si Boris dice que solo se alcanza el éxito siendo mesero, Orwell le cree. Pero, cuando por fin se le presenta la oportunidad de ser mesero de verdad, Orwell rechaza la propuesta. En vez de aceptar, se va a Londres, donde le han prometido un puesto de trabajo «cuidando a un retrasado mental».

Una vez llegado a Londres, la vida parece ser aún más dura que en París. Aquí incluso ser indigente en la calle cuesta dinero (por la multa) y no existen los hoteles baratos, solo dormitorios del Ejército de Salvación: «Cada vez que tosía o que el otro maldecía, una voz soñolienta gritaba: "¡Calla!! Por el amor de Dios… ¡calla de una vez!". En total no dormí más de una hora».

No es que Orwell escogiera Londres a conciencia, pero sí decidió no hacerse mesero.

Dicho de otro modo: Charles Bukowski decidió cien por ciento él solito la vida que quiso llevar, al igual que Sal Paradise en *En el camino* eligió seguir a Dean Moriarty durante un tiempo. No lo hicieron por un anhelo hacia la pobreza, sino por una aversión a seguir el orden establecido. Porque creían que fuera de ese orden encontrarían más energía, libertad y pasión. Porque, tal y como relata Jack Kerouac en *En el camino:* «La única gente que me interesa es la que está loca, la gente que está loca por vivir, loca por hablar, loca por salvarse, con ganas de todo al mismo tiempo, la gente que nunca bosteza ni habla de lugares comunes, sino que arde, arde, arde como fabulosos cohetes amarillos explotando igual que arañas entre las estrellas y entonces se ve estallar una luz azul y todo el mundo suelta un "¡Ahhh!"».

Hoy por hoy parece que todo el mundo, si se les presenta la opción, solo elige el pañuelo limpio o la profesión de mesero. Tanto en la vida real como en las artes, como si los perdedores de hoy solo quisiesen ser ganadores.

En comparación con el pasado, ahora tenemos mucho menos que perder. La pobreza que describía Orwell ya es algo desconocido en Occidente. Existen redes de seguridad social para rescatar a los más desfavorecidos, los servicios sanitarios han ordenado el cierre de los hoteles con chinches y ya no hay nadie que tenga que lavar los platos a mano en un restaurante, para eso están los lavaplatos. Por lo general, la vida del siglo XXI es bastante más limpia y segura que la del pasado. Hemos barrido la suciedad, la mugre de verdad.

Por otro lado, cada vez es más difícil arroparse voluntariamente con la suciedad. **Cualquiera que anhele vivir fuera del orden civil necesita un fondo fiduciario o una herencia para conseguirlo; la vida es demasiado cara como para no trabajar.**

Simplemente por poner un ejemplo: solo en Ámsterdam los precios de la vivienda han subido un 67 por ciento en los últimos cinco años, mientras que los ingresos medios apenas han subido en un 4 por ciento. Podemos observar la misma tendencia en cualquier otra ciudad grande. No tenemos tiempo para vaguear ni espacio para la aventura. Trabajamos una doble jornada solo para poder pagar el alquiler.

En los años sesenta era posible que un autor emergente como Harry Mulisch (quien luego se convertiría en un autor de éxito internacional) viviera en el centro de Ámsterdam sin haber trabajado ni un solo día de su vida, según el propio autor. Mi padre, jugador de ajedrez, comenzó a trabajar en IBM un día y, al día siguiente, lo dejó simplemente porque vio cómo brillaba el sol. Según él, no tenía sentido que el sol brillara si nadie lo iba a disfrutar.

Conozco a decenas de padres de amigos míos que vivieron de okupas con amor y libertad. Me he criado con historias sobre artistas y bohemios que se pasaban noches enteras en cafeterías, pero que no vivían en la pobreza. Esta era la clase intelectual, pero lo mismo pasaba con la clase media. **Hubo un tiempo en el que era posible mantener a una familia, comprarse**

una casa o irse de vacaciones dos veces al año con un modesto salario de profesor. Ahora para esto se necesitan al menos dos salarios fijos y un montón de deudas.

Según Oscar Wilde, todo es una estrategia y cualquiera que ahora lea su obra *El alma del hombre bajo el socialismo* entenderá por qué. Escribe lo siguiente sobre la Inglaterra del siglo XX: «Tratan de resolver el problema de la pobreza manteniendo vivos a los pobres, o como lo hace una verdadera escuela avanzada, divirtiendo a los pobres».

Es cierto que, desde entonces, el entretenimiento ha mejorado considerablemente. Los celulares, videojuegos o la distracción gratuita en Internet son accesibles para casi todo el mundo. Pero mientras, la pobreza ha estado creciendo desde hace decenios. En todo Occidente la clase media cada vez sufre más por llegar a fin de mes. El número de trabajadores pobres está en aumento. La pobreza se esconde tras las deudas, tras las facturas médicas que nadie puede pagar, tras los trabajadores temporales que viven sin seguro y no cotizan, tras los niños que no pueden hacer deporte ni llevarse lunch a la escuela, y tras las personas que no pueden irse de vacaciones.

En *El alma del hombre bajo el socialismo,* Wilde argumenta que los peores dueños de esclavos eran aquellos que los trataban bien, porque su bondad escondía los horrores del sistema. Según Wilde, hasta que caiga ese sistema o cualquier otro sistema opresivo, «las personas que causan mayor daño son las que intentan hacer el mayor bien». La élite de Silicon Valley, por ejemplo, que dona a causas benéficas sin parpadear, que construye escuelas en barrios marginales y mientras tanto ofrece consejos sobre cómo el resto podemos ser tan ricos, felices y exitosos como ellos.

Este es el mundo en el que vivimos. Las ciudades son infinitamente más limpias que antes, los edificios han recuperado su antigua gloria, los parques están llenos de máquinas de ejercicio y la conocida «arquitectura hostil» hace que todo siga en orden: me refiero a los bancos con reposabrazos para que no se acuesten los vagabundos, los picos de hierro en un porche para que nadie se siente, las protuberancias en bordes y escaleras para evitar que pase gente sobre patinetas o los altavoces que emiten un sonido irritante a alta frecuencia que solo escuchan los adolescentes.

La futuróloga Ayesha Khanna predijo unos lentes que eliminarían a los sintecho de nuestra vista para «mejorar nuestras emociones humanas básicas», pero esta alternativa es aún mejor. Espantamos los elementos indeseados sin violencia, a través de un ejercicio de poder arquitectónico que pasa desapercibido ante los buenos ciudadanos. Ni nos damos cuenta de lo que nos arrebatan delante de nuestros ojos.

En cada esquina encontramos una cafetería que ya no huele al humo de cigarros sin filtro, sino al vapor de café expreso, las librerías están repletas de novelas sobre el sufrimiento de la burguesía (un sufrimiento que siempre nace de la abundancia, nunca de la escasez) y en el cine se reproducen películas de superhéroes.

Todavía vemos uno que otro forastero, sobre todo en la televisión, pero todos siguen el mismo formato: gordos que adelgazan, pobres a los que les rediseñan la casa, antiguos alcohólicos que lamentan en programas de entrevistas la miseria que han causado a los demás hasta concluir que ahora ya llevan una vida feliz.

Cada desviación acaba siguiendo la norma. El ladrón se arrepiente, el pobre se hace emprendedor, el inmigrante trabaja duro y el adicto quiere curar su enfermedad. Solo así los aceptaremos.

Y así seguimos adelante; vivimos vidas relucientes y pasamos por tiendas en ciudades igual de relucientes, con unos audífonos puestos y un iPhone en la mano, mientras que cada vez cuesta más ver que todo esto también es un mero acuerdo. **Lo que el discurso dominante presenta como la realidad es un constructo ideológico lleno de supuestos, valores y leyes que ocultan la posibilidad de una alternativa.**

Hubo un tiempo en el que los forasteros nos recordaban la existencia de tal alternativa. Para Orwell, Kerouac y Bukowski, la libertad se encontraba fuera del orden establecido. Estas son las personas que reclaman el derecho a ser una clavija redonda en un agujero cuadrado.

Ahora es al revés: la libertad se encuentra dentro del orden establecido, en las personas que han conseguido ganar en la supervivencia del más fuerte y que tienen el dinero suficiente para comprar su libertad. El forastero es alguien que no desea otra cosa que participar, que quiere sentarse a la mesa, pero que todavía no lo ha conseguido.

Ya no existe el afuera, solo el adentro.

Hemos acabado en la cultura del mesero.

Este concepto no me vino de George Orwell y tampoco me lo inventé yo, sino que fue gracias a Magrite Glasz. En mayo del año pasado, me escribió un correo después de que el periódico *de Volkskrant* publicara mi artículo *Oda al perdedor*. Me contó que tenía cincuenta años, que había acabado sus estudios de sociología, que antes había trabajado unos años como cartera y antes de eso durante once años como arquitecta. Ahora mismo no tenía trabajo pagado. Me recomendó *Sin blanca en París y Londres* de Orwell. Todavía no lo había leído.

Orwell relata que, en los hoteles de lujo, cada función conlleva un cierto nivel de orgullo, por lo que también atrae a un tipo específico de personas. Los cocineros son los más seguros de sí mismos: saben que son imprescindibles y que su labor exige artesanía. Son conscientes de su poder y sienten orgullo al menospreciar a todos los que están por debajo de ellos.

Los *plongeurs* o los lavaplatos están al fondo del rango y, por lo tanto, tienen el orgullo de una mula de carga: «En este sentido, la única virtud posible es ser capaz de seguir trabajando como un buey».

Finalmente tenemos a los meseros. También ellos están orgullosos de su habilidad, «aunque esta consiste sobre todo en mostrarse servil. Debido a su trabajo, tiene la mentalidad no de un trabajador, sino de un esnob. Se pasa la vida viendo a gente rica, se planta al lado de su mesa, oye sus conversaciones, se adhiere a ellas con chistecitos y sonrisas».

El mesero se adapta. Se mueve con la corriente, aunque sus clientes ricos lo traten como basura, porque está convencido de que su hora llegará. Por eso nunca debes compadecerte por el mesero, relata Orwell. «Cuando estás en un restaurante y sigues comiendo media hora después del cierre, tienes la sensación de que el fatigado mesero que tienes al lado debe despreciarte. Pero no. Cuando te mira, no piensa: "Vaya un patán insaciable!", sino: "Un día, cuando haya ahorrado lo suficiente, podré hacer como este hombre". Está ayudando a satisfacer un placer que comprende y admira.»

El mesero no desprecia a las personas que lo maltratan, sino que las admira. Por eso, según Orwell, los meseros casi nunca son socialistas y por eso trabajan sin pausa. Quieren ser todo lo productivos que puedan, nunca se rinden, porque su único deseo es pertenecer.

Son las personas que intentan ser agradecidas, pensar en positivo, leer libros de autoayuda, porque esperan que algún día podrán estar al otro lado de la ecuación.

Como me dijo la propia Magrite Glasz: «Así es como la desigualdad existente es aceptada por (casi) todo el mundo (da igual lo pobres que sean) y no la critican. Y ya puedes olvidarte de que las personas se resistan colectivamente».

En vez de eso, la mayoría de las personas se pasan la vida entera trabajando como esclavos, tal y como dice Orwell. **Se adhieren a los supuestos, valores y leyes sobreentendidas, intentan moldearse, intentan soñar a lo grande para escapar de todo lo demás, pero los únicos que sirven para ello son ese 1 por ciento: las personas que se comen el mundo mientras los meseros a su alrededor sonríen servicialmente porque han seguido un curso de *mindfulness*.**

Con este libro no quiero sugerir que es erróneo cuidar de uno mismo o intentar mejorar. Otra respuesta posible a la pregunta «¿qué hace que el ser humano sea humano?» podría ser: su deseo y capacidad de ser más de lo que es y evolucionar con ayuda de la cultura. En el conocimiento está la libertad;

en el crecimiento, la felicidad. Nadie muere siendo como era cuando nació. La evolución que ocurre en medio es la vida y está en tus manos. La pregunta simplemente se reduce a cómo defines el crecimiento o la mejora.

La definición actual de la automejora, la que impulsa constantemente la cultura dominante por medio de libros de autoayuda, charlas TED y redes sociales, tiene como objetivo principal adaptarse mejor al mundo tal y como es. **Hay que ser más productivo, trabajar de forma más eficiente, estar agradecido por ello y encima ser feliz.** Pero el resultado final es que nos convierte en mejores meseros.

He intentado analizar esa cultura dominante y he querido desnudar esa ideología subyacente y esos acuerdos a los que, de forma consciente o no, nos mantenemos. Lo he dividido por categorías con la esperanza de mostrar que podemos romper con esos acuerdos. Las llamé APESTA, BEBE, SANGRA, ARDE y BAILA con el objetivo de mostrar una alternativa. Pero al final la conclusión es la misma.

Es una cuestión de orgullo.

Básicamente, lo que quiero decir es: no seas un mesero.

APESTA
BEBE
SANGRA
ARDE
BAILA

BIBLIOGRAFÍA

Vonnegut, Kurt. *Slaugtherhouse-Five*. 1969. Versión en neerlandés de Else Hoog.

UNA CLAVIJA REDONDA EN UN AGUJERO CUADRADO – PARTE I

Think Different, Apple, 1997: https://www.youtube.com/watch?v=H8D7PjA3S7E

The long run, Adidas, 2002: https://youtu.be/9l-xvPF-14PE

Go Forth, Levi's, 2009: https://youtu.be/EXu2W4o0CP8

Sobre todo échale un vistazo a esta parodia: Go Forth and Revolt ("Capitalists have stolen the whole world from us"): https://youtu.be/UVc8auO1vuA

Dream Crazy, Nike, 2018: https://www.youtube.com/watch?v=WW2yKSt2C_A

Dream Crazier, Nike, 2019: https://www.youtube.com/watch?v=zWfX5jeF6k4

Bukowski, Charles. *The Laughing Heart*. Black Sparrow Press, Boston, 1996.

Donner, J. H. *Van Computers, Politiek, Amsterdam & een klein meisje*. Uitgeverij Bert Bakker, Amsterdam, 1983.

Huxley, Aldous. *A Brave New World,* 1932. Versión en castellano de Ramón Hernández. Grupo Planeta, Barcelona, 1963.

Krishnamurti, Jiddu. (No queda claro cuál es la fuente original de la cita, pero se encuentra por cualquier lado en Internet, y también la puedes comprar como un imán lindo en Amazon.)

P. Frankel, Lois. Nice girls don't get the corner office. Business Plus, 2014.

Rice-Oxley, Mark. «Austerity and inequality fuelling mental illness, says top UN envoy». *The Guardian*, 24 de junio de 2019: https://www.theguardian.com/society/2019/jun/24/austerity-and-inequality-fuelling-mental-illness-says-top-un-envoy

Zweig, Stefan. *Schaaknovelle en andere verhalen*. Versión en neerlandés de Theodor Duquesnoy. Uitgeverij Athenaeum – Polak & Van Gennep, Amsterdam, 1992.

Si sientes que no encajas en el mundo, quizá no deberías preguntarte qué problema tienes tú, sino qué problema tiene el mundo... La primera vez que escuché estas palabras de Virginia Woolf (y la historia de la biblioteca que las acompaña) fue en un documental en la televisión. Para mí se convirtieron en una especie de directriz para mi vida y, desde entonces, he buscado la cita original una infinidad de veces por Internet, pero nunca la he podido encontrar. Quizá mis conocimientos de inglés sean demasiado limitados (siempre la buscaba con una fraseología diferente), quizá no todo está en Internet (una idea consoladora). Teóricamente hasta es posible que Virginia Woolf nunca dijera esas palabras y que mi memoria fallida las haya inventado. Pero sí estoy segura de que existe un documental que se mostró hace unos quince años en la televisión holandesa en el que esta cita se atribuyó a Virginia Woolf. Sigo albergando esperanzas de que algún día encuentre la fuente original.

APESTA

Hill, Loga. «Plastic surgery with a mouse click». *Vulture*, Abril de 2016: https://www.vulture.com/2016/03/special-effects-c-v-r.html

Fantasy Elf Shot from Start to Finish using mocha Pro and After Effects: https://youtu.be/BWvCqZVXcDI (Este video demuestra cómo funciona el *beauty works* del que habla la revista *Vulture*).

Hunt, Ella. «Faking it: how selfie dysmorphia is driving people to seek surgery». *The Guardian*, 23 de enero de 2019: https://www.theguardian.com/lifeandstyle/2019/jan/23/faking-it-how-selfie-dysmorphia-is-driving-people-to-seek-surgery

Kale, Sirin. «The Unstoppable Rise of the "Instagram Face"». *Vice*. 23 de septiembre de 2019: https://www.vice.com/en/article/evjpj7/instagram-face-kylie-jenner-package-fillers

Van Lieshout, Ingeborg. «Parfum in een pil». *Bright.nl.* 29 de septiembre de 2011: https://www.bright.nl/nieuws/artikel/4046431/parfum-een-pil

McMahon, Kevin. McLuhan, Marshall. *Understanding Media. The Extensions of Man*. McGraw-Hill, Nueva York. 1964.

McMahon, Kevin. *McLuhan's Wake*. 2002: https://www.youtube.com/watch?v=s6cXeNDCy-k (Este magnífico documental es la mejor y la más fácil introducción a las ideas de McLuhan.)

Milton, Bente. *Gaias Børn*. Dinamarca, 1998.

Morozov, Evgeny. «There's an app for that». *De Nieuwe Reporter*, 12 de octubre de 2013: https://www.denieuwereporter.nl/2013/10/theres-an-app-for-that/

Orbach, Susie. *Bodies*. St. Martins Press, Londres, 2009.

Penny, Laurie. *Meat Market: Female Flesh Under Capitalism*. John Hunt Publishing, Londres, 2011.

No está claro si la cita de «sé tú mismo» de verdad es de Oscar Wilde. Al día de hoy nadie ha conseguido encontrar la fuente original, pero todo el mundo se la atribuye a él.

BEBE

Baudelaire, Charles. «Enivrez-vous». *Le Spleen de Paris.* 1869. Versión en castellano de Enrique Díez-Canedo. Talleres Espasa Calpe, Madrid, 1935.

Cleary, Skye C. «Being and drunkenness: how to party like an existentialist». *Aeon*, 26 de julio de 2019.

Clifford, Catherine. «Billionaire Jack Dorsey's 11 "wellness" habits: From no food all weekend to ice baths». *CNBC*, 8 de abril de 2019.

Papazoglou, Alexis. «Fast times: The self-interest of Silicon Valley's self-denial fad». *The New European*, 13 de abril de 2019.

Russell, Bertrand. *A History of Western Philosophy*. 1945. Versión en castellano de Julio Gómez de la Serna y Antonio Dorta. Espasa-Calpe Argentina, Buenos Aires, 1947.

Wigman, Menno. «Toen ik begon te schrijven». *Slordig met geluk*, Prometheus, Amsterdam, 2016.

SANGRA

Brainwash Talk, «Waarom psychiaters overuren draaien – psychiater Dirk de Wachter»: https://www.youtube.com/watch?v=M7NL-b4dqMQ

Camus, Albert. *L'homme révolté*, 1951. Versión en castellano de Luis Echávarri, Editorial Losada S.A., Buenos Aires, 1953.

Curtis, Adam. «The Trap: what happened to our dream of freedom?», BBC, 2007.

Puedes encontrar las tres partes del documental en Internet. La primera parte se llama «Fuck You Buddy» («Jódete, amigo»). Está en: https://vimeo.com/91091359. La segunda parte se llama «The Lonely Robot» («El robot solitario») y la tercera es «We will force you to be free» («Te obligaremos a ser libre»). Con esta serie, Adam Curtis muestra de dónde ha surgido el orden mundial neoliberal y, como siempre, lo hace de maravilla.

«"Depression: let's talk" says WHO, as depression tops list of causes of ill health». *World Health Organisation*, 30 de marzo de 2017: https://www.who.int/news/item/30-03-2017--depression-let-s-talk-says-who-as-depression-tops-list-of-causes-of-ill-health

Duhigg, Charles. «Is Amazon unstoppable?». *The New Yorker*. 10 de octubre de 2019: https://www.newyorker.com/magazine/2019/10/21/is-amazon-unstoppable

Fisher, Mark. *Capitalist Realism: is there no alternative?* 2009. Versión en castellano de Claudio Iglesias, Caja Negra, Buenos Aires, 2016.

Kaori Gurley, Lauren. «Starbucks Workers Want More Hours. Instead They Got a Meditation App», *Vice*, 8 de enero de 2020: https://www.vice.com/en/article/z3bxn3/starbucks-workers-want-more-hours-instead-they-got-a-meditation-app

Han, Byung-Chul. *Müdigkeitsgesellschaft*, 2010. Versión en castellano de Arantzazu Saratxaga Arregi, Herder Editorial, Barcelona, 2012.

Morrison, Ryan. «Say Goodbye to comfort breaks!», *Daily Mail*, 17 de diciembre de 2019: https://www.dailymail.co.uk/sciencetech/article-7801245/Toilets-tilted-downwards-13-degrees-stop-workers-spending-long-loo.html

Simon, David. «Wintergasten». *VPRO*, 28 de diciembre de 2009.

Tokumitsu, Miya. «Tell me it's going to be OK». *The Baffler*, Septiembre de 2018: https://thebaffler.com/salvos/tell-me-its-going-to-be-ok-tokumitsu

Visser, Johannes y Bouchallikht, Kauthar. «Wie je bent bepaalt je succes (maar wat moet het onderwijs daarmee?)». *De Correspondent*. 11 de diciembre de 2018: https://decorrespondent.nl/8995/wie-je-bent-bepaalt-je-succes-maar-wat-moet-het-onderwijs-daarmee/714679735-2e1ea165

Weeda, Frederiek. «Damiaan Denys: Het is niet normaal om mooi en succesvol te zijn en alles onder controle te hebben». *NRC Handelsblad*. 21 de septiembre de 2018: https://www.nrc.nl/nieuws/2018/09/21/het-is-niet-normaal-om-mooi-en-succesvol-te-zijn-en-alles-onder-controle-te-hebben-a1626090

Whedon, Joss. «Buffy the Vampire Slayer». The WB, Estados Unidos, 1997 – 2003.

Zonderop, Y. «Het onderwijs dreigt zin doel en relevantie te verliezen», De Groene Amsterdammer, 8 de mayo de 2019.

ARDE

Frey, Carl Benedikt y Osborne, Michael A. «The future of employment: how susceptible are jobs to computerisation?», *Technological Forecasting and Social Change*, 14 (2017) 254-280: https://www.oxfordmartin.ox.ac.uk/downloads/academic/The_Future_of_Employment.pdf

Le Guin, Ursula K. *The Dispossessed*. 1974. Versión en castellano de Matilde Horne, Minotauro, Buenos Aires,1983.

Jonze, Spike. *Her*, Warner Bros, 2013.

Parker, Dorothy. «A Telephone Call». *The Collected Dorothy Parker*, Penguin, Londres, 1989.

Perel, Esther. «Where should we begin?»: https://podcasts.apple.com/us/podcast/where-should-we-begin-with-esther-perel/id1237931798

BAILA

Beckett, Samuel. «Worstward Ho». *Nohow On*, Grove, Nueva York, 1996.

Bukowski, Charles. «Style». *Mockingbird Wish Me Luck*, Harper Collins, Londres, 1992.

Chen, Stephen. «Forget the Facebook leak: China is mining data directly from workers' brains on an industrial scale». *South-China Morning Post*. 29 de abril de 2018: https://www.scmp.com/news/china/society/article/2143899/forget-facebook-leak-china-mining-data-directly-workers-brains

Harari, Yuval Noah. *21 Lessons for the 21st Century*, 2018. Versión en castellano de Joandomènec Ros. Debate, Barcelona. 2018.

Para los que (todavía) no quieran leer el libro entero, aquí tienen un artículo bueno (en inglés) de Harari en el que resume algunas cosas: Harari, Yuval Noah. «Why technology favors tyranny». *The Atlantic*. Octubre de 2018: https://www.theatlantic.com/magazine/archive/2018/10/yuval-noah-harari-technology-tyranny/568330/

Roeters, Sjors. «Radna Fabias: "Zien hoe een man zijn piemel afplakt en een spagaat in een glitterjurk doet"», *De Groene Amsterdammer*, 19 de diciembre de 2018: https://www.groene.nl/artikel/zien-hoe-een-man-zijn-piemel-afplakt-en-een-spagaat-in-een-glitterjurk-doet

Quenqua, Douglas. «Facebook knows you better than anyone else», *The New York Times*, 19 de enero de 2015: https://www.nytimes.com/2015/01/20/science/facebook-knows-you-better-than-anyone-else.html

Se ha escrito muchísimo sobre el sistema de crédito social de China. Buscar en Google ayuda o, si no, directamente en Wikipedia: https://es.wikipedia.org/wiki/Sistema_de_cr%C3%A9dito_social_chino

Otro artículo bueno (en neerlandés) es este: Vervaeke, Leen. «Je ouders niet bezocht? Puntje eraf», *De Groene Amsterdammer*, 12 de septiembre de 2018. https://www.groene.nl/artikel/je-ouders-niet-bezocht-puntje-eraf

UNA CLAVIJA REDONDA EN UN AGUJERO CUADRADO – PARTE II

Kerouac, Jack. *En el camino*. Anagrama, Barcelona. 2006.

Donner, Marian. «Omarm de loser, want hij durft uit de ratrace te stappen». *de Volkskrant*. 4 de mayo de 2018. https://www.volkskrant.nl/columns-opinie/omarm-de-loser-want-hij-durft-uit-de-ratrace-te-stappen~bd83f4af/

Orwell, George. *Down and Out in Paris and London*. 1933. Versión en castellano de Miguel Temprano García. Debate, Barcelona, 2015.

Wilde, Oscar. *The Soul of Man under Socialism*, 1891. Versión en castellano de Julio Gómez de la Serna. Tusquets Editores, Barcelona, 1975.

Quinn, Ben. «Anti-homeless spikes are part of a wider phenomenon of "hostile architecture"». *The Guardian*.

APESTA
BEBE
SANGRA
ARDE
BAILA